永田圭介

あまつましみづ

異能の改革者 永井英子の生涯

教文館

大学卒業時の英子
1912（明治45）年4月、46歳

はじめに――「異能の改革者」の壮絶な人生ドラマ

伝記の主人公となるような人物は、概して知名度が高い。しかし、ここに紹介する一人の「異能（人にすぐれた才能）」の女性の数奇な生涯は、まさにその逆の代表的例である。

その女性永井英子《ながいえいこ》、旧姓松本英子は幕末の上総《かずさ》（千葉県）に生まれ、父の英才教育により和歌の深い造詣と、子供とは到底思われない練達の書で幼時から神童と讃えられた。

その後、キリスト教メソジスト派宣教師による米国式教育で抜群の英語力を身につけ、英米人宣教師の未熟な日本語力を助け、学校では生徒ながら常に教師を兼ねた。

「神童」英子の存在を伝え聞いた米人宣教師で日本語讃美歌編纂者デヴィソンは、彼女の指導者である津田仙《せん》に懇望し、翻訳助手として横浜の讃美歌編集所に彼女を招いた。英子は一〇ヶ月にわたって讃美歌翻訳・創作に従事、最初の日本語讃美歌集を完成させ、英子が一七歳のみずみずしい感性で表現する洗練された詩的修辞は、翻訳の域を超えた創作として明治初期の讃美歌翻訳事業に大きく貢献した。

その後、わが国の女性新聞記者の草分けとして、足尾銅山鉱毒災害で古河財閥と結託する国家権力を探訪記事で糾弾して警察当局に弾圧され、一九〇二（明治三五）年一〇月、英子は単身渡米して新しい知的人生を開拓しはじめ、この地で彼女の天才的言語能力、実業ビジネスの天分とが遺憾なく発揮された。それを支えたのは、サンフランシスコで結婚した夫、永井元《げん》である。彼がいなければ、英子の多彩な才能が育つ機会もなかったであろう。

一九二八（昭和三）年、英子は六二歳でサンフランシスコで死去した。彼女のみが可能なそのすさまじい生きざまは、とうていわれわれ凡人の手本にはならない。とはいうものの、そこには天才だけが遺しうる逸話とともに、あたかもフランクリンを思わせるピューリタン的理念とユーモアがあり、彼女のストイックで勤勉な日常生活にわれわれも共感をもてるし、とりわけ「商売上手」と評されたビジネスの才能には感動を覚える。

現在、専門図書以外で、一般の人々が彼女の名を活字で日常的に見ることができるのは、日本基督教団出版局発行の『讃美歌』（一九五五年初版）二一七番『あまつましみず』の楽譜左上隅に、歌詞創作者として小さくローマ字で Eiko Nagai, 1884 と印刷された頁が、おそらく唯一であろう。

以上のアウトラインに加えて、讃美歌編集以後の本書のあらすじを続けて述べる。

一八七三（明治六）年に米メソジスト派教会から派遣された宣教師デヴィソンは、横浜山手二二二にあった洋館を編集所として、のちの青山学院の創始者である津田仙が指導する海岸女学校の生徒だった英子の協力で『譜附《ふつき》基督教聖歌集』を翻訳・編集し、一八八四（明治一七）年に完成させた。

彼女の代表作となる『聖歌第一五〇番』の歌詞『あまつましみづ』が創作された時期は前年の明治一六年で、当時彼女は一七歳であった。

その後、英子は明治二三（一八九〇）年に当時の女子教育の最高学府である女子高等師範学校（現在のお茶の水女子大学）を学生と授業通訳を兼ねて卒業、二年後に結婚したが婚家の破産で離婚する悲運に遭遇した。その後、毎日新聞の女性記者として貧民街や足尾銅山鉱毒災害を何度も現地調査し、足尾問題では五九回にわたってルポルタージュ『鉱毒地の惨状』を掲載したが、鉱山財閥古河市兵衛と政府の意向により警察の弾圧を受けた。日本の閉塞社会に絶望した英子は同志の内村鑑三に助言を求める書簡を送り、内村から英子の訪問を望むという返書を受けたが、結局、米国での活動を決意して新聞社を辞職した。

一九〇二（明治三五）年一〇月一一日、英子は横浜から日本郵船龍神丸で単身北米西海岸シアトルに渡航した。米国ではシカゴの路上で馬車に右足の小指を轢かれ重傷を負う災厄に遭い、ニューヨークで紹介された看護師見習いが不適性と自覚して短期でやめるなど多難な時期もあったが、その年に開催されたセントルイス万国博覧会で振袖姿で売り子をつとめて成功、続いて日本文化を宣伝する連続講演会でも振袖で講演し、写真入りで新聞にも報じられた。その後、彼女はサンフランシスコで保険代理店業者永井元と結婚し、大地震を被災後、カリフォルニア大学バークリー校の選科でフランス語、スペイン語、イタリア語を学び、継続単位でパシフィック大学を卒業、バチェラー（学士）およびマスター・オブ・アーツ（文科系修士）の学位を得て、「学究《スコラー》」と異名をとった実力を証明した。

卒業後、英子は夫、永井元とともに保険代理店を経営、文才を実業へ生かし、保険を啓蒙的な詩文広告でダイレクトメールを使って勧誘する画期的な新商法で多くの契約者を集めた。その結果、栄誉ある「二〇万ドルクラブメンバー」に毎年のように選ばれ、詩文、言語の天与の才に加えて彼女のビジネスの才能が讃えられ、彼女もそれを誇りとした。

卵巣がんによる死の二年前、一九二六年から英子はマダム・エディの提唱する教理「クリスチャン・サイエンス」に傾倒し、医療を拒否して元《げん》に看護される病床生活を送りながら、フランス語原典でヴォルテール、ルソー、フローベール、モーパッサン全集、さらにバルザック全集を読破、ゾラの多くの著作を読了した。

第一次世界大戦の惨禍に対して、彼女は反戦論を主張する論文や詩を『在米婦人新報』に掲載したが、これらは検閲のある戦前の日本で、彼女の著作を発行する障害になった。日記は日本語のほか、フランス語、英語、スペイン語で書いた。日本語で書いた随想集『ゑい子つれ〴〵草』は二〇五の小論からなり、内容はいまなお新鮮さを感じさせる。

英子は一九二八（昭和三）年四月二三日、六二歳で夫、永井元に看取られてサンフランシスコ市ポスト街の自宅で死去した。生年は一八六六（慶応二）年で、正岡子規より一歳年長である。三〇代半ばで病死した子規は、短歌、俳句改革者というイメージもあって、明治の文人という印象がぬぐいきれないが、英子は著作のみならず、恐れずひたすら自分の意志をつらぬく生き方自体に、いまなお現代の私たちを鼓舞し、共鳴させるものがある。

彼女は人生の前半で祖国を離れ、生涯帰国することがなかったため日本では無名だったけれども、もし時と所を得て日本で活躍していれば、おそらくは翻訳者として『小公子』の若松賤子《しずこ》、あるいは英語教育者津田梅子や女性解放運動家平塚らいてうと比肩される女性改革者として後世に名を残したであろう。飢餓貧民、鉱毒被災、思想弾圧など苛酷な時代の暗部を糾明し、権力の暴圧と闘った「異能の改革者」永井英子、そして結婚後の彼女を畏敬し支え続けた夫、永井元による、本書は知と愛と闘いの壮絶な人生ドラマである。

目次

第五章　病床からの闘いと死　203

装丁　熊谷博人

凡例

・永井元編『永井ゑい子詩文』に記載されている内容の一部に、他資料で確認できない事柄があるが、その場合は『詩文』の記載のままとした。
・永井元編『永井ゑい子詩文』からの引用は、資料的意義を考慮して、原典の旧字・歴史的かなづかいを踏襲した。なお、ルビについては現代の読者に配慮し、付け加えた箇所がある。
・その他の引用箇所については、原則、原典の表記に則ったが、一部、旧字を新字に、歴史的かなづかいを現代かなづかいに改めたところがある。
・本文中の永井英子、永井元の写真は『永井ゑい子詩文』から転載した。

第一章

神童の前途

一　父の英才教育

神の申し子

「あまつかぜ　雲のかよひ路　ふきとぢよ　をとめのすがた　しばしとどめむ……」

慶応二年三月（一八六六年五月）の夕暮れどき、上総国望陀郡《かずさのくにもうだ》茅野村《かやの》（現在の千葉県木更津市）の集落の往来を、赤ん坊を背負った、このあたりの農婦とはみえない中年婦人が、子守歌のように百人一首を朗詠しながら歩いていた。ことばの意味はわからないながらも、背中の赤ん坊はその音調がここちよいらしく、目を見開き、歩調にあわせて歌うように口を動かした。

朗詠の主は茅野の村塾教師松本貞樹《ていじゅ》の妻なほで、百姓身分ながら富農の娘として、いわゆる行儀見習いで江戸に出て松平侯や紀州侯など、譜代大名の藩邸《おやしき》に仕えていた。

藩邸では礼儀作法から裁縫など、女中見習いとして必要な技能を教育される。結果として、これらは良家の娘としての嫁入り教育にもなる。なほはすべての作法に熟達し、とりわけ仕立て仕事では、礼装の打掛けまで仕立てるほどの有能な「お女中」に成長した。そのうえ、和歌の道に人並みすぐれた才を認められ、奥女中の指導役までつとめ、当藩邸として、もはやなくてはならない人材である。約束の奉公期間は過ぎたが、

「余人に代えがたい。いましばらく、つとめてくれぬか」

と藩邸留守居役に懇願され、なほも悪い気はしない。引きとめられるままに婚期が過ぎてしまったが、いつまでもというわけにもゆかず、やがて故郷上総の縁者から勧められて、茅野の素封家《そほうか》で儒者の貞樹のもとに嫁入りした。

なほは初婚だが、貞樹は妻と死別し、再婚である。このような晩婚ではあったが、二人ともなんとかして子宝をと願った。かなわぬときの神頼みで、根気よく神社詣でを続けた効能があったのか、貞樹が四八歳、なほが四〇歳を過ぎた、当時としては奇跡的な高齢で懐妊し、やがて女の子が生まれた。

「松本の先生は夫婦《めおと》でなげえこと神参りしてござったが、御利益《ごりやく》でややが生まれたちゅうだべ」

「んだ、めのこ（女の子）だとよ、ふんとにこりゃ、神の申し子じゃ」

いきさつを知る素朴な村人たちは、顔を合わせるたびに噂しあった。

両親の念願がかなって生まれた女児は「ゑい」と命名され、産後の肥立ちもよかったが、なんといっても母親は高齢出産で、満足に乳が出ない。なほはゑいを負ぶって近在で赤子のいる家を訪ね、もらい乳をする日々が続いた。その行き帰りの道を歩きながら、時にむずかるゑいに、なほは子守歌のつもりで百人一首を吟じながら歩いた。不思議なことに、ゑいは泣くのをやめてはしゃぎ、やや慣

れたころには、抑揚《よくよう》をつけて口真似をするように声をあげ、なほの朗吟に唱和するようになった。この百人一首の子守歌を繰り返し聞いた記憶が嬰児の脳裏に定着したらしく、やがて萌芽し、和歌の才能として開花する日を迎える。

人材を輩出した父・貞樹の学塾

少年時代は農民の子らしく「四郎八《しろはち》」と呼ばれていた父親の貞樹は、素封家の総領だったけれども、幕末の世相を反映して学問の道を志した。上総は江戸の近郷といってもよい位置にある。親族から才能を認められていた四郎八は、総領にもかかわらず両親から遊学を許され、江戸に出て同郷の漢学者伊藤某に師事した。ここで漢学や国学研究者らとの交友関係をつくりながら、かれらとのつながりで諸藩邸に書生奉公し、研鑽を積んだ。

ただし、いかに努力しても百姓身分に変わりはないから、故郷で学塾を開くのが目的である。茅野に帰ると、家督を弟に譲り、所有地の山林から景観のよい場所を選んで住居と教場とする家屋を建て、学塾を開いた。欧米から武力と知識を載せた砲艦が往来する幕末で、危機感の浸透圧にさらされたように、若者は知識を吸収しようとした。当然、入塾志願者は多い。

近在の実家から通う者もあったが、大部分は教場に寝泊まりして、場所がなければ縁側の廊下まで夜具を敷いて起き伏しするほど大勢の若者が集まり、貞樹の教えを受けた。

学塾といっても、読み書き算盤《そろばん》などの、寺子屋のような初級教育の村塾ではない。貞樹の講義は漢学、国学、それに基礎教養教科の三系統からなる。漢学は四書五経などの経書を解読する経学が中心であるが、これに対して、儒仏を排して古道に還れと説く伊勢松坂の本居宣長《もとおりのりなが》の国学や、当世では水戸藩士で尊王攘夷論の藤田東湖《とうこ》を中心とする儒学、そして基礎教養として書道、和歌、漢詩など、主として精神教育の涵養を目的とした、かなりレベルの高い内容である。

塾からは、のちに大学教授、学校長、代議士や著名な経済学者、それに海軍少将などの人材を輩出し、貞樹の教育の影響力を示している。

一方、プライベートであるべき住居も、長期の滞在客のもてなしに追われ、多忙な日々を送ることになる。当時の習慣で、文人墨客《ぼっかく》といわれる詩歌人、絵師、俳諧の宗匠《そうしょう》たちは、経験や知識を得るため諸国を行脚《あんぎゃ》と称してめぐり歩き、地方の名士を訪れて歓談し、その居宅に長期間寄食する例がめずらしくない。貞樹の住まいも、常にこの種の客が滞在していた。

なほはこれら居候のような、それでいてプライドの高い客人をもてなしながら、一方では塾生たちに礼儀作法などをしつけた。塾生たちは毎朝未明に起床させられ、日常生活を厳格に指導された。この結果、かれらはその生活習慣から人生観に、あたかもフランクリンが説くようなピューリタニズム的勤労倫理観を植え付けられ、のちに巨万の富を築く大商人や、著名な事業家を生む下地になる。

このころの親と同様に、貞樹も男の子を望んでいたらしい。ゐいへの呼び方も

「ゐい坊」

で、ゐいに羽織袴《はかま》など男の子の衣服を着せ、男の子と同じような力をつけさせるために、よちよち歩きの幼児の肩に、弟子たちが持参した、切り餅がたくさん入った重い袋にひもをつけて前後に吊るし掛け、

「ゐい坊は強いぞ。力持ちだぞ。さあ、歩いてごらん」

と励ました。ゐいも幼児ながら、父の期待に応えようと、力んでよちよち歩いた。

服装も赤い襦袢《じゅばん》など女の児が好む色を避け、黒みがかった地味な着物ばかり着せられたので、村の悪童らから、男の子、男の子、とはやしたてられたが、習慣の力で、それがゐい自身の好みになっていた。

「異能」の芽生え

貞樹がゐいの異常な記憶力と、ある特別な才能に気づいた時期は、三歳ごろであろうと伝えられる。その年の秋の村祭りに、子守に負われたゐいは鎮守の杜《もり》の境内で筵《むしろ》囲いをした村人の素人芝居を見にいった。歌舞伎が大衆演芸にまで広く浸透した時代で、村芝居といっても、その外題《げだい》は『先代萩』と『太功記』で、本格的に浄瑠璃の語りにあわせて演じられる。芝居は三日続けて催され、子守の少女も芝居好きだったようで、ゐいは三日とも続けて観た。初めての芝居見物で、ゐいは舞台に目を奪われるとともに、太夫《たゆう》が三味線とともに熱演する浄瑠璃の語りが、意味はわからなくても音声として脳裏にしみ込んだようだった。家に帰って食事のあと、両親の前で、ゐいは芝居で聞いたせりふや、とりわけ浄瑠璃の『伽羅先代萩《めいぼく》』や『太功記十段目』などを、そっくりそのまま語って聞かせた。

「なんという異能の子じゃ」

驚いた両親や同席した客人たち、なかでも貞樹は直感的に、この幼児のなかに、天賦の才とともに、ある大きな可能性を予想したのであろう。そのころから、貞樹の英才教育がはじまった。

茅野の住まいの近くに、幼児でも登れるような小山がある。数え年の四、五歳になると、貞樹はしばしば、ゐいを連れてつづら折りの山道を山頂まで歩いた。朝のときもあれば、夕方のときもあった。山頂から西の方向に、天気のよい日は富士山が見える。ゐいは美しい山容を眺めて歓声をあげた。貞樹はうなずきながら、富士を指さし、空中に、裾野から山頂へ、再び裾野へと稜線をなぞるように指で描いてみせた。

「ゐい坊、じっと見るがよい、富士のお山は、天下第一の美しき山じゃ」

家に帰り、井戸端で手足を洗うと、ゐいは書斎に来るようにと命じられた。父は怖い師でもある。その先生は硯箱《すずり》を開いて墨をすり、机に半紙をひろげて待っていた。

「さあ、この筆で、今見てきた富士を、じっと思い出して描くのじゃ」

記憶して描く、写生とは対照的な方法で、貞樹はゐいの才能を引き出そうとした。

富士は、天候や朝夕の光線の角度によってさまざまな表情を見せる。その自然の変化の動きを、ゐいは父と何度も山に登り、その都度記憶した富士を半紙に何度も描いた。

「何度も同じことを繰り返す」。この訓練法は単純で、訓練される者も忍耐を強いられるが、習慣化が技能を身につける最善の方法であるとする、貞樹の一貫した教育理念であった。彼はさまざまな富士の表情を描いたゐいの絵の半紙を最初から順を追って、居間の壁一面に張り巡らした。時系列的に進歩の状態を見ようとしたのだろう。

屋外で友だちと遊び興じる年頃の四、五歳ごろ、現在なら幼稚園年中組の年頃に、ゐいは父から家塾の教場へ出て、少年や初学の成人塾生とともに、四書五経を読み習うよう命じられた。もちろん、最初は文字の読み方からはじめなければならない。テキストの意味はまったくわからないまま、貞樹先生の口述を繰り返し音読する、いわゆる素読である。訂正されながらやや音読力がついたところで、貞樹は手元にある数冊の書籍から、歌集の序文や返り点のある、あるいは白文のままの漢文を脈絡もなくテキストにして、意味は教えず、これもひたすら素読させた。若いころ、江戸遊学時代に水戸藩の儒者、藤田東湖の影響を受け、勤王派の慷慨家《こうがいか》で孔子を尊敬する貞樹は、論語の「子曰く」を、「子《し》イハク」とは読ませなかった。彼にとって、聖人孔子は常に敬語の対象である。

「『子イハク』と読んではいかん。『子ノタマハク』と読むのじゃ」

書にも天賦の才を発揮

農民身分ながら、交際範囲がひろく、文人墨客との交流も多かった貞樹は、到来ものや自ら集めた書画骨董を多数秘蔵していた。その中には、現在なら博物館以外では見られない重要文化財クラスの美術品である円山応挙の鯉図、田能村竹田《たのむらちくでん》の密画、書では頼山陽の長詩『筑後川を下る』、将軍家から拝領の桐箱入りの古筆古今集、万葉集の写本など、そのほか、中国渡来の書画が多数、書庫兼用の土蔵に収納されていた。ゑいは子供ながら古筆写本の筆跡や水墨画、彩墨画の美しさに魅せられ、書庫に入る機会があればひそかに写本を開き、内容は理解できないが、流れるようなかな文字の連綿や山水画に漂う幽邃《ゆうすい》の雰囲気に浸って、あたかも自分が画中に遊ぶ童《わらべ》になったように陶然とした。骨董屋の小僧が美術品鑑定の修業として、できるだけ本物を見る努力をするのと同様の美意識の芽生えが、ゑいの感覚に生じたであろう。習字では、貞樹はゑいに箸の持ち方を教えるのと同じ時期に、筆の持ち方を教えた。

「箸も筆も、握ってはいかん。指先で支えるのじゃ」

しかし手の小さい幼児には、指だけで筆を支えるのはむつかしい。大字を習うとき、ゐいは太い筆を両手でかかえ握って、毛氈《もうせん》の上にひろげた紙の上に立って書いた。驚くほど短期間で、ゐいの書の技量は上達した。これを見た村の衆から、文字書きの依頼が来る。

このころから、村の道しるべの大きな木標は、すべてゐいが書いた。床に横たえた檜《ひのき》の角材に、鉢巻をして襷《たすき》がけのゐいが馬乗りになり、たっぷりと墨汁をふくませた太筆で墨痕鮮やかに書く。村の神社の幟《のぼり》も頼まれ、高所なので、梯子《はしご》に登って男たちに抱えられるようにして書いた。もはや近在には、筆を持ってはゐいを凌ぐ者は誰もいない。その結果、あちこちと引っ張りだこになり、毎日大きな筆を抱えて書き続け、肩の筋肉を酷使し、

「ゐい坊は、肩が痛い」

と訴えたので、さすがに周囲でも揮毫《きごう》の依頼を遠慮するようになった。

このようなある日、貞樹は書庫に秘蔵している掛軸の中から藤田東湖の「天地正大の氣」の詩を選び出し、かしこまって正座しているゐいの前に軸を拡げた。

縦長の紙面には、約四〇〇字の行書の漢字がぎっしり詰まっている。『正氣歌《せいきのうた》』の別名で知られるこの五言古詩は、古代中国の六朝《りくちょう》時代に盛んに行われた、五言の句を連ねる詩形である。句数には制限がないので、この作品の場合、一〇行四〇字前後、約四〇〇字の長詩である。同じ題の詩で、中国宋代末期、宋朝の臣文天祥《ぶんてんしょう》が元軍に捕らえられ、大都（北京）の獄中で忠臣の気概を詠じた五言古

詩があるが、ここにあるのは幕末水戸藩の精神的指導者である藤田東湖が、尊王思想を鼓舞する目的で作った。詩吟として広く知られている雄渾《ゆうこん》な詩文だが、ゑいには達筆の漢字が紙面を覆いつくしている掛軸という外見認識のほかは、なんのことかわからない。

「ゑい、これは水戸藩の大学者、藤田東湖先生の五言詩じゃ。これなる唐紙《とうし》にこの詩文の文字を臨書せい。意味はわからずともよい。ただ、文字の形、配列や構成に注意して、寸分ちがわぬように書くのじゃ」

貞樹は掛軸を柱に掛け、その傍に据えた書机に唐紙を拡げた臨書の席にゑいを座らせ、筆を持たせた。それから来る日も来る日も、ゑいは掛軸の詩文を凝視しては、何枚も何枚も繰り返し『正氣歌』の文字を書き写した。一枚臨書すると貞樹が足らない点を指摘する。

「この字体は正しくない。文字には書き手のくせがあるが、臨書はそのくせのとおりに書く」

「丁寧に書き写したが、そのために筆の勢いがない。自分の文字になるまで何度も繰り返して、自分の文字として書くのじゃ」

せっかく教えられた文字が書けるようになっても、貞樹の指導は尽きることがない。

「この構成は、全体の位置が低すぎる。紙面を天地とみて、上下の釣り合いを考えよ」

師匠の貞樹自身も書の道に造詣が深く、彼の寿蔵碑には

「臨池（書道）ノ技ヲ善クス」

と刻されたように、書家として一家をなすに足る名伯楽であった。

優れた師であり父である貞樹の影響を受け、漢詩を学ぶにつれて、ゑいは子供ながら現在臨書し

ている『正氣歌』が発する慷慨と雄渾の気風に感化されてゆく。やがておのずから目覚めた天賦の才に導かれるように、ゑいの筆跡は急速に上達し、遂に掛軸の東湖の筆跡を見ないまま、背臨《はいりん》（暗記臨書）で詩全体を、東湖の筆跡にほぼ近い書体で唐紙面に書けるようになった。この「臨書作品」は筆力、配置など、一流書家の手になるものと言われても疑う者もないほどと評された。ゑいが満八歳三ヶ月のできごとである。後年、彼女が日本での前途に絶望して渡米し、種々の職業や大学を経て保険代理店経営者永井元《げん》と結婚、サンフランシスコに居住したとき、書斎の壁に掛軸として掛けていたと、永井元編『永井ゑい子詩文』上篇に、筆跡の写真とともにそのときの状況を説明している。

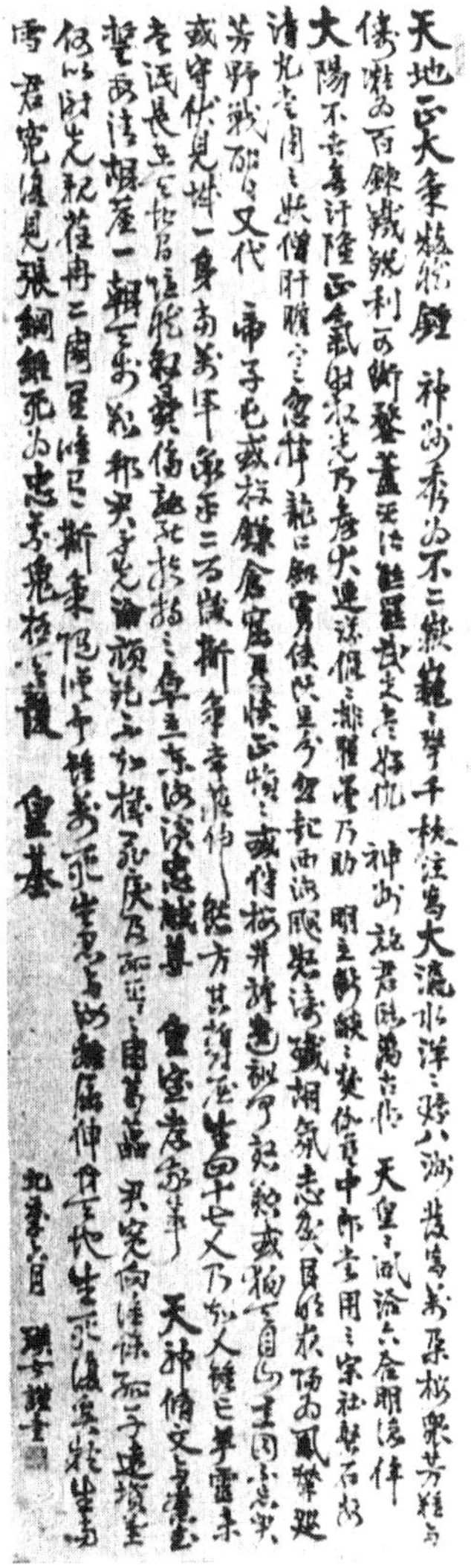

幼少時の『正氣歌』の臨書筆跡
1875（明治8）年、8歳3ヶ月

県令に和歌を披露

讃美歌翻訳者としてのゐいの詩的才能は、和歌の分野で芽生えを見せた。明治五年八月（一八七二年九月）、政府は国民皆学の理念、具体的には学問・実学の重要性を説いた太政官布告、「学制」を全国に頒布《はんぷ》した。義務教育として小学校が開校され、貞樹の学塾は閉鎖しなければならない事態になった。この四ヶ月前、四月の末に貞樹とゐいは管轄官庁となった千葉県庁（『永井ゐい子詩文』の記述に拠るが、千葉県は明治六年六月の成立のため、木更津県庁と思われる。以下では『詩文』の記述に従った）に呼び出された。学制頒布で児童教育を意識した官僚たちの思い付きであろう。彼らは、

「一を聞いて十を悟り、怜悧穎敏《れいりえいびん》、老成のものもおよばざりしとて……」

と異能の評判が高い童女と、その教育者である父親から、これから実施すべき教育のありかたを探ろうとした。茅野から県庁所在地の千葉まで約一〇里（四〇キロメートル弱）あるが、近在の農民はみな歩いて往来する。学塾の教師である貞樹も身分は農民なので、脚絆《きゃはん》姿で歩いた。幼女のゐいにはとても歩ける距離ではないので、貞樹が背負って歩いた。

ようやく県庁に到着すると、二人は接客室に通された。大きな卓の向こう側に柴原県令、その左右に主だった官吏が居並んでいる。二人は県令に向かい合って座った。

「遠路大儀であった。そこもとの能筆の噂はすでに伝え聞いておる。早速だが、これなる紙面になにか歌でも書いてくれぬか」

県令の言葉に、貞樹は一礼して、ゐいに和歌を一首お書き、とささやいた。机上には、縦長に奉書紙が拡げてある。ゐいは筆に墨を含ませ、腕を差し伸べて一気に書いた。

思ひきや荒野《あれの》の末の小草《おぐさ》まで恵みの露のかかるべしとは

墨痕淋漓《ぼっこんりんり》と表現すべき鮮やかな筆跡に、県令はじめ官吏たちは感嘆の声を挙げた。

「柴原縣令を初め、数多《あまた》の官吏大いに賞し、さまざまの物を賜わりけりとぞ。實《まこと》や僻地の田間《でんかん》よりかかる奇童の出《い》で來《く》ること、偏《ひと》へに開明の御世の餘兆《よちょう》になん」

明治一一年六月木版刷り刊行の三尾重定編『文明餘響』は、

「幼児廳中に和歌を論ず」

と題して、あたかも文明開化の時代がこのような才能を生んだかのように伝えている。

両親が和歌に堪能だった影響もあって、ゐいは父母と一緒に庭の風景や自然の風光を実感して即興で対話のように次々と和歌に詠む訓練を重ねていた。しかしこのころ、学制頒布によって、貞樹一家の暮らしは一変した。村には小学校が配置され、学塾はやむなく閉じることになり、仕事がなくなった貞樹に友人の津田仙《せん》から手紙が来た。

「貴君の都合がよければ、東京で小生の西洋野菜実験栽培を手伝ってくれんか」

仙の協力要請を承諾した貞樹は、木更津茅野の家を親類に託し、明治五年の夏、妻なほと数え年七歳のゐいを連れて東京麻布三の橋の仙の居宅に寄寓した。

二　津田仙と救世学校

「本物」の英語を学ぶ

津田仙は天保八年七月（一八三七年八月）、下総《しもうさ》国佐倉藩勘定頭元締、小島善右衛門良親の三男として、佐倉城内曲輪《くるわ》で生まれた。武家の三男の先行きは養子しかない。彼は元服の年頃に桜井家の養子になるが、文久元（一八六一）年、二四歳で津田家の娘初の婿養子となった。嘉永四（一八五一）年、攘夷派の水戸藩主徳川斉昭《なりあき》が、

「あの蘭癖《らんへき》（西洋かぶれ）め！」

と罵倒したほどの開国派の佐倉藩主堀田正睦《ほったまさよし》が指示して、蕃書調所《ばんしょ》（幕府の蘭学研究所）の教授でもあった蘭学者手塚律蔵を江戸藩邸に招き、若い藩士にオランダ語とともに英語の初歩を教授させた。この時点ではまだ仙は一五歳で、佐倉城内の藩校成徳書院でオランダ語と、当時学習が困難だった英語を学んだ。この藩校は、現在の千葉県立佐倉高等学校である。

安政二（一八五五）年に、一八歳の仙は藩命で江戸藩邸に出仕し、森山栄之助の蘭学塾に入門してオランダ語と手塚律蔵の私塾で英語を学ぶほか、数学や砲術など、学べるものはみな学んだ。当時、江戸で書生奉公をしている貞樹との接点は、このころから始まったようだ。

年齢と出身身分が違うにもかかわらず、貞樹とは種々の関係で終生の親友だった。そしてなによりも、ゑいの生涯に大きな影響を与えた人物である。日本最初の女子留学生津田梅子の父としても有名

だが、彼自身の業績は西洋農学の普及、キリスト教による女子教育の発展に貢献した、近代日本の先覚者といえる。仙が早くから英語を他に率先して学んだ効果は、間もなくあらわれる。

安政二年一〇月（一八五五年一一月）、開国派の藩主堀田正睦が幕府筆頭老中に就任し、安政三年一〇月に、彼を補佐する川路聖謨《かわじとしあきら》ら五人の幕閣に開国への調査を指示した。同年、最初の駐日米国総領事タウンゼント・ハリスと日米修好通商条約の折衝を始めている。三年後の安政五年には条約は日米修好通商条約として締結したが、堀田の要請で四月に大老に就任した井伊直弼が反対派の一橋慶喜派ら諸大名や梅田雲浜《うんぴん》、吉田松陰、頼《らい》三樹三郎、橋本左内らを投獄、処刑した安政の大獄が起こり、安政七年三月三日（一八六〇年三月二四日）、井伊は桜田門外で水戸、薩摩の浪士に暗殺されるなど、国家の前途は開国派・攘夷派の策動に翻弄された。このような環境の中で、安政六（一八五九）年二二歳の仙は横浜に赴き、福地源一郎（桜痴）の家に下宿して、英国人の医師に会話を主とする発音重視の本物《ほんもの》の英語を学んだ。この結果、仙は文久元（一八六一）年、幕府外国奉行所に翻訳方として採用された。建前はオランダ語通詞だが、実際に使われるのは英語である。すでに述べたように、この年から、彼は津田家の娘初の婿養子として津田姓を名乗っている。

農事改革の先駆者

慶応三（一八六七）年、幕府海軍方の小野友五郎が、幕府が発注した軍艦の引き取り交渉のため渡米するので、通訳として福沢諭吉、尺振八《せきしんぱち》、それに二九歳の仙の三人が随行を命じられた。尺は仙よりも二歳下の当時二七歳、父は高岡藩の藩医で藩邸のある江戸佐久間町（現在の千代田区神田佐久間町）に生まれ、中浜万次郎らに英語を学び、仙が翻訳方に採用された文久元年に、同じく翻訳方として出仕した。維新後、大蔵省翻訳局長になったが三年で辞職し、英語教育や英和辞典の編集に集中している途中、肺結核で明治一九年に四七歳で死去した。

約五ヶ月のアメリカ滞在中、仙は欧米式生活のあらゆる技術文明を自分の目で確認し、なかでも科学に裏打ちされた農業と、それを支える民主主義の気風に感銘を受けた。

任務を果たして米国から帰任した三一歳の仙は、慶応四年の夏、もと軍艦操練所があった築地船板町の外国人居留地に建設されていた半官半民の貿易所を兼ねた外国人用洋風ホテル「築地ホテル館」の理事として勤務した。このホテルは第一国立銀行と同様に、明治初期の先端をゆく洋風建築である。しかしそこでは、日本人が考えてもみなかった、外国人の要求を満たさなければならない事態が生じていた。まず、かれら外国人が食べる洋食には、新鮮な野菜を毎日つけなければならない。西洋野菜を栽培している近在の農家は、まだない。ホテルでは欧米人の客の食事に、輸入した瓶詰や缶詰の野菜を出していた。この問題を解決するために、仙はホテルの従業員とともに西洋野菜のレタス、セロリ、それにアスパラガスの栽培を始めた。しかしホテル業での片手間仕事では、品質も生産規模もとうてい満足できるものではない。それに、彼は慶応三年の渡米時にアメリカ式の科学的農業を採り入れたトマト、イチゴ、リンゴなどの西洋野菜栽培、とりわけアスパラガスの栽培に欧化事業としての将来性を感じはじめていた。

明治二年、仙は築地ホテル館理事を辞任し、アスパラガス栽培事業を開始した。幕府体制の解体で、当時の東京は諸藩の江戸屋敷で売りに出されるものが多かったので、彼は農地として必要な広さと平坦さがある売り物件として、麻布本村町三の橋の某大名屋敷を見つけ、即座に買い取った。ここに米国式風車を備えた揚水ポンプで井戸から水を引き栽培実験農場として、同じく米国から西洋野菜の種子、一〇〇種以上の果樹の苗木、それに観賞用植物を取り寄せ、実験栽培をはじめた。以後、彼は日本農事改革の先駆者と呼ばれるようになる。

翌明治三年から四年にかけて、仙は北海道開拓使の嘱託として開拓使次官黒田清隆の欧米視察に同行した。欧米における野菜栽培法の実態を知るのが目的である。帰国後、青山で北海道開拓使農事試験場の建設を担当、まもなく開拓使を辞任して民部省（後の大蔵省・工部省）に入った。

かねて女子教育に関心を示していた黒田は、明治四年に政府が派遣する岩倉具視全権大使使節団に女子留学生を随行させるよう、次の要旨を建議書として政府に提出した。

開拓は人材に因《よ》る、人材育成は母親による教育にある。それには女学校を設けなければならない。故に今、幼い女子を選んで欧米に留学させたい。学費は開拓使が負担する。

この結果、五人の女子留学生のひとりとして、仙は六歳の次女梅子を応募させ、梅子は同年一一月一二日（一八七一年一二月二三日）に横浜埠頭から使節団一行とともに出発した。

仙は民部省勧農寮に勤務しながら、これまで住んでいた向島から、麻布本村町の実験農場に残っている旧大名屋敷の仲間《ちゅうげん》長屋を、複数の家族が共同生活できる住居として移転した。このときに学塾を閉じた松本貞樹の一家も木更津から移り住んで寄寓し、本来は農民だった貞樹は、実験農場の助手として仙の農事研究に協力した。

六歳のゑいも仙の子供たちと同じ長屋住まいで生活する日が続いた。

明治六（一八七三）年五月一日、オーストリアの首都ウイーンで開催された万国博覧会に、日本政府は各部門の専門技術者を派遣、仙は三等事務官心得、園芸担当官として派遣された。この時、彼はオランダ人農学者ダニエル・ホーイブレンクに農学を学んだ。明治六年に、かねて体系的な農業理論書が必要だと感じていた仙は、帰国後、このときのホーイブレンクの口述ノートを基に、農業指導者のために技術書『農業三事』を執筆刊行し、西洋農学を普及した。

『三事』の内容は「気筒埋没法、樹枝偃曲《えんきょく》法、媒助（人工花粉交配）法」で、数万部が販売され、当時のベストセラーとなった。とりわけ媒助法の道具として仙が考案した「津田縄」は大人気となり、仙は需要に応えるため、古屋敷を改造した工場で二〇〇名の女工を雇い、日産千本の規模で「縄」を生産して供給した。近代農業への先導と感じた明治天皇も仙の実験農場に行幸、仙は天皇の御前《ごぜん》で自ら津田縄の使い方を実演した。

女子英語学校の創設

農業技術の知識習得と同時に、仙は実業人としてキリスト教、とりわけプロテスタントの倫理が、西欧の文化のみならず、産業に及ぼした計り知れない精神的影響を見て感銘を受けた。彼の生涯を象徴する、キリスト教との出会いである。

帰国した仙は、最近来日して築地の江戸ホテルに仮住まいしながら東京を中心に伝道をはじめた米国メソジスト派宣教師ジュリアス・ソーパーに感化され、妻の初とともに教会に通うようになった。明治八（一八七五）年には夫妻で洗礼を受けている。ひとたび決意したことは、躊躇せず実行する、これが彼の行動規範であろう。

仙は入信の契機を明治初期の開拓者らしく、明快な合目的性として告白している。「農業発展のために、キリスト教が必要である」

明治八年九月一日に、津田仙は自宅と農園がある麻布本村町一七八番地の近所にある麻布東町二三番地の敷地に『農業雑誌』の刊行と農学校の経営にかかわる「学農社」を設立、同じ場所に仮校舎を設けて教員一名、学生一二名の「学農社農学校」を設立した。

津田仙

日曜日には校内で日曜学校が開かれ、講師として宣教師のグイド・フルベッキやソーパーが招かれた。翌明治九年には新校舎が落成したので、教員七名、学生三五名と一挙に充実した。教師の名簿には内村鑑三、学生名簿にはのちに『女学雑誌』を創刊した巌本善《いわもとよし》治《はる》の名が見える。

また、明治七年には、仙は懸案の女子教育への行動も開始していた。米国メソジスト教会は日本伝道における女子教育の最初の試みとして、女性宣教師ドーラ・スクーンメーカーを教師として派遣し、女子英語学校の開設を、日本の女子教育の先駆者とされる仙に依頼した。

日本に手がかりの少ない教会は、実践的な行動について彼を全面的に頼りにしていたといわれる。仙は芝の三田の廃屋同然になっていた地蔵堂を手直しして、とりあえず校舎とした。本来、女子の学校の予定だったが、幕末から維新の動乱期がやっと終わり、女子教育にはほとんど関心がない世相で、生徒となる女児が集まらない。やむをえず仙は家族や親戚、知己を説得して入学者の頭数を、ようやく一五、六人かき集めた。性別など贅沢はいえないので、「女子学校」は断念し、男女の別はない「救世学校」の表札を掛けた。津田家からは長男の元親《もとちか》、渡米した次女梅子の姉の長女こと、そして津田家に家族ともに寄寓していた八歳のゑいも入学して英語を学んだ。生徒の平均年齢は一〇歳程度で、ことが最年長、ゑいが最年少だった。このころから、ゑいは当世風にゑい子と名乗り、友達仲間からは、おゑいちゃんと呼ばれた。後年、彼女がサンフランシスコで夫の永井元とともに保険業の宣伝に従事し、啓蒙的な宣伝文「保険礼讃」中の「英子十二箴《しん》（いましめ）」で、彼女自身が「英子」と記名しているので、本稿でも以降は現代風に英子とする。

せまい地蔵堂の仮校舎は一年で終わり、救世学校は最初の目的だった女子教育の学校として、翌年、津田仙を校長とする「海岸女学校」に改称し、築地海岸通りの外人居留地、明石町一三番地に移転した。後年の青山英和学校女子部の前身である。校舎は築地居留地にある外人住宅の一軒で、この付近では最も広い邸宅だった。敷地の間口は約三〇メートル、奥行きは約六〇メートルで建物は二階建て、一階は教場、二階は三〇人程度が寝起きできる生徒寄宿舎になっていた。庭は運動場になり、ブランコや鉄棒など、簡単な運動器具が備え付けられた。教師は主任教員となる四人の米国人女性宣教師が英語や数学、マナーなどを教え、数名の日本人男性教師が国漢学を教えた。その教科科目は英語（会話、通訳、訳読、作文）、国漢文（蒙求《もうぎゅう》、十八史略、日本外史）、数学、作法では裁縫、西洋式マナー、西洋料理の材料、調理法と食事作法など、女性に基本的に必要とされる学科はすべて教えた。日曜日にはバイブルクラスで、女性宣教師による礼拝と英語による聖書講読が行われた。

生徒募集に「英語会話、訳読、作文をはじめ、外国の礼儀作法から西洋料理法、漢学、数学をも教え、米国婦人教師数名が教授を担当す」とあり、上流家庭の子女の中には、在学していた高級官吏の子女用に特設された竹橋女学校、のちのお茶の水女子大附属中・高校を退学して海岸女学校に入学した生徒もいた。四人の米国女性宣教師はそれぞれウイルソン読本などの英語訳読、地理、オルガン演奏法、それに英会話を教授した。翌年、米国人教師は七人に増員され、生徒数も四〇人以上に増えた。そのうち三〇人は寄宿寮生で、英子は最年少の寮生だったが、父親仕込みの国漢学の素養に加えて、和歌、書に堪能、英語をはじめ他の学科もひとり群を抜いていた。そのころは両親の貞樹となほは千葉木更津茅野の村に帰り、英子はこの海岸女学校で約九年間、米国メソジスト派キリスト教による女子教育を受けた。

三　讃美歌共同翻訳

讃美歌翻訳の難しさ

メソジスト・エピスコパル（監督）教会の米国人宣教師で南北戦争の従軍経験者だったジョン・カロル・デヴィソンが明治六（一八七三）年に来日し、長崎で宣教を開始、同地に教会を開設したのは三〇歳の時である。同じく南北戦争時代の大佐で、米国マサチューセッツ農科大学学長であったピューリタン（清教徒）のウィリアム・スミス・クラークが請われて札幌農学校に着任し、校則を、「紳士であれ！」のただ一言にしたこと、帰国時には

「Boys be ambitious！　少年よ、大志を抱け」

の言葉を残して、内村鑑三や新渡戸稲造ら後年日本の精神的指導者となる生徒に大きな影響を与えたことなどは広く知られているが、クラークもデヴィソンも、ともに信仰と信念の人として、古武士のような印象を残したと伝えられる。デヴィソンには宣教と並行して、大きな使命が託されていた。伝道に不可欠な、洗練された日本語の讃美歌集の刊行である。

原恵著『賛美歌──その歴史と背景』によると、ペリー艦隊の水兵として来日、いったん帰国してバプテスト派の宣教師として安政七（一八六〇）年再度来日したジョナサン・ゴーブルが横浜で伝道をはじめ、彼が日本語に翻訳した

「ヨイ国アリマス　タイサウ遠方……」

が最初の日本語讃美歌のひとつといわれる。おなじ時期、改革派の女性宣教師クロスビーの翻訳で、改定され現在も讃美歌四六一として歌われている詩句と比較してみよう。

エスワレヲ愛ス、サウ聖書申ス、帰スレハ子タチ、弱イモ強イ、
　ハイエス愛ス、ハイエス愛ス、ハイエス愛ス、サウ聖書申ス
エスワカタメニ、天の御門ヒラキ、ワカツミユルシ、ソノチニヨレリ、
　ハイエス愛ス、ハイエス愛ス、ハイエス愛ス、サウ聖書申ス
エス愛スイツモ、ワレヨワヒトテモ、ワカ病気助ケニ、御座《みざ》ヨリ下リ
　ハイエス愛ス、ハイエス愛ス、ハイエス愛ス、サウ聖書申ス
エスワカ生涯中、ワカソバ居マス、ワレ死ヌトテモ、ワレヲ天ニトモノヲ、
　ハイエス愛ス、ハイエス愛ス、ハイエス愛ス、サウ聖書申ス

これに一九五五年改定版讃美歌四六一「主われを愛す」を対照すると、ジュリア・クロスビー訳は日本語としては稚拙だが、内容はほぼ相似していると感じられる。

主われをあいす、主は強ければ、われ弱くとも　恐れはあらじ。
　わが主イエス、わが主イエス、わが主イエス、われをあいす。
わが罪のため　さかえをすてて、天《あめ》よりくだり　十字架につけり。

わが主イエス、わが主イエス、われをあいす。
みくにの門《かど》を　ひらきてわれを　招きたまえり、いさみて昇らん。
わが主イエス、わが主イエス、わが主イエス、われをあいす。
わが君《きみ》イエスよ、われをきよめて、よきはたらきを　なさしめたまえ。
わが主イエス、わが主イエス、わが主イエス、われをあいす。

内容も、アナ・ウォーナーの原詩 Jesus love me, this I know に忠実に翻訳していると評されているが、ゴーブルもクロスビーも、ともに原歌詞の英語の一音節を日本語のかな文字一つに訳している。歌曲は本来、詩に楽曲をつけるのが自然の順序だが、これとは逆に英語歌詞に作曲された楽曲に、発音系統の異なる日本語歌詞を組み込む作業に彼らは苦心した。英語では子音で終わってあとに母音を伴わない音節が非常に多い。これに対し、日本語音節はンや促音を除き母音単独または子音＋母音の連結からなる（岩崎民平「発音と綴り字」『英和大辞典』研究社）。要するに、英語は子音が基礎音、日本語は母音が基礎音となる言語なのである。そのような条件の中で、日本語歌詞の特質である「一つの音符に一つのかな文字」を配し、各行の終わりを同じ母音にして脚韻を踏むなど、宣教師たちは日本語詩に英詩の様式を調和させながら、日本語の讃美歌として違和感がないようさまざまに努力した。

にもかかわらず、語句を一音節として溶け込ませる英語の滑らかさには、どうしても及ばない。明治一九年生まれの作曲家山田耕筰は小学校低学年のころ、我流の発音を操って

「ジーザス　ラブミー　ジッサイノー……」

と得意になって歌っていたと、自伝『はるかなり青春のしらべ』で回想している。英語の歌詞は前後の音が滑らかにつながり、楽曲との「乗り」もよかったからだろう。

楽譜付き讃美歌出版への意欲

デヴィソンはすでに長崎で伝道していた宣教師ヘンリー・スタウトと、詩歌にくわしい地元の日本人信徒の協力を得て、二八曲の聖歌を収めた小冊子『讃美のうた』を刊行した。これは歌詞のみで楽譜はない。しかしなんといっても揺籃時代に刊行された讃美歌歌詞集としてはよくできていると評判は上々だった。彼はこれに力を得るとともに、さらに意欲を燃やした。

「次は、楽譜付きの本格的な讃美歌集を刊行するのだ」

明治一〇（一八七七）年に、デヴィソンの編集により、日本初のメソジスト派の讃美歌集『讃美《たたえ》歌《うた》 一』が長崎で刊行された。その間も、精力的に九州一円を布教した彼は鹿児島教会を開設し、カブリー英和学校（現在の鎮西《ちんぜい》学院）、活水《かっすい》女学校（現在の活水学院）などキリスト教学校を創立している。二年後の明治一二年、『讃美歌《たたえうた》 二』増補版が木版で出版された。一七世紀後半、北ドイツの神学者フィリップ・シュペーナーによる敬虔主義運動に端を発し、一八世紀に英国オックスフォード大学の学生だったジョン・ウェスレーがキリスト者個人の敬虔主義的回心による実践活動を説いたメソジスト派讃美歌としての特質が、この増補版に表現されているといわれる。その特質とは実践的な海外宣教、具体的には学校や大学を建設して宣教地の教育に大きな影響を与えたことである。メソジスト派は、英国産業革命時代に起こった宗教改革運動らしく、救貧運動や療養施設の建設など社会問題に力を入れた点が特徴として挙げられる。

当時のデヴィソンが譜付き讃美歌の出版を志しながらいまだ実現できなかった理由は、編集よりも印刷技術に問題があった。このころの日本にはまだ銅板による製版技術がなく、印刷製版はすべて木版だった。摩耗しやすい木版による正確な楽譜印刷は不可能である。

「こうなったら、休暇帰国を利用して、アメリカで銅版楽譜を作らせるほかはない」

鹿児島と長崎に学校を開設し、木版讃美歌増補版も出版して長崎を中心とした九州での宣教活動も一段落したデヴィソンは、最初の休暇を得て帰米した。かねてからの計画実行の好機である。故国に帰省中に、彼は私財をはたいて讃美歌楽譜銅版を多数作らせ、それを携えて日本に帰任する。この銅版楽譜印刷で、彼は日本で最初の、完全な楽譜付き讃美歌集の出版を実行することになる。

明治一六（一八八三）年、休暇を終えたデヴィソンはメソジスト教会本部から日本語讃美歌編纂委員を命じられ、横浜で念願の本格的な讃美歌集『譜附基督教聖歌集』の編集と出版への本格的な取り組みを開始した。彼が明治六年に来日して以来、一〇年が経過している。明治初期、文明開化期の横浜は東京をはるかに凌ぐ、文化の中心地だった。その主人公は異国人である。海岸ぞいの地域、浜側にはかれらの商館が立ち並び、そこからやや離れた丘陵地域、山手には住宅街がある。夕刻の街路では、礼装の異国人夫妻が夜会に出かける馬車に出会う。馬が蹄鉄を蹴立てる音と鉄の車輪が回転する音が醸し出す光景は、まさに新しい世界が目の前に展開する、東京でも見られない横浜だけのエキゾチックな雰囲気であった。讃美歌の翻訳をする、絶好の舞台である。

しかし翻訳を開始する以前に、未解決の問題が残っていた。いかにして「美しい日本語」による讃美歌の翻訳を得るか、これは聖書の翻訳にとっても同様の課題だった。

旧約聖書は古代へブライ語（一部アラム語）、新約聖書はコイネーと呼ばれるヘレニズム時代のギリシャ語で書かれている。宗教改革期のドイツでは、一五二二年にルターが新約聖書のドイツ語訳を完成し、それから八九年後の一六一一年に、イングランドで国王ジェームズ一世が四七人の学者に命じて最初の英訳聖書である欽定訳聖書を完成した。いずれもその後の独英両国の文学や散文に影響を与えた名訳とされるが、それを可能にしたギリシャ、ローマ以来の文化的基礎が、すでに両国に存在していたからこそといえる。

それに対して当時の日本は、わずか十余年前までキリシタン禁令の社会で、基礎はまったくない。外国人宣教師に日本語を教えた日本人は漂流船の水夫や職人、小商人などで、日本語として代表できるような教養のある階層ではなかった。例として挙げると、先述のバプテスト派宣教師ゴーブルが横浜で明治四年に出版した『摩太《マタイ》福音書』中の「主の祈り」は、明治一〇年発行の明治元訳から現在の訳にいたるまで、その面影を残している。

〔ゴーブル訳〕

（前略）

あなたの　おぼしめし　てんに　ある　ごとく　ちにも　なさしめ　たまえ

われらの　ひゞの　めし　こんにちも　われらに　あたへ　たまい

（後略）

〔現在もプロテスタントで使用される「主の祈り」の文語訳〕

（前略）

みこころの天になるごとく　地にもなさせたまえ

我らの日用の糧《かて》を今日もあたえたまえ

（後略）

（小玉晃一・小玉敏子『明治の横浜』「五章　聖書と讃美歌の翻訳」）

翻訳助手への抜擢

日本語のむつかしさは、雅語と俗語の使い分けがその典型だといわれる。前記ゴーブル訳では雅語「あなたの　おぼしめし」と、俗語「ひびの　めし」が混在して、礼拝時の信徒を困惑させたであろう。雅語でも上級の尊敬語「召し上がる」を、発音から理解した外国人が、「めし」とは食事を指す普通名詞と考えても不自然ではない。同様に、「貴様」は文字だけでは一見雅語めいて見えるが、発音では旧軍隊や警察で横行した卑俗性が強い二人称代名詞で、しばしば罵倒語として用いられた。このような日本語の落とし穴が理解できるようになったデヴィソンとしては、讃美歌に万葉、古今以来の和歌による洗練された雅語を自由に使いこなせる、教養のある日本人が助手をつとめてくれることを切実に望んだ。

しかし残念ながら、すでに一家をなしているような歌人は、ほとんど英語力がないか、初歩会話はできても読解力のレベルが低いので、英米版の讃美歌から、それぞれの内容を読み取れない。そのような状態で、英語の歌詞を和歌形式で「美しい日本語の讃美歌」として翻訳し、楽曲の音符に合わせて歌えるまでに仕上げるにはどのくらいの能力、期間、労力を要するのか、デヴィソンには見当もつかなかった。

横浜で住居と仕事場を定めたある日、彼は東京築地の海岸女学校の校長室に津田仙を訪ねた。日本におけるメソジスト派教会女子教育活動の最大の功績者である仙とは、デヴィソンは長崎で宣教をはじめたころから文通を交わし、旧知の間柄である。文通のなかで、仙は海岸女学校の生徒のひとりに、驚くべき神童がいると語った。

「この生徒は、入学時期は最年少でしたが、漢学者の父による英才教育で、幼時から能筆、学問は国漢学から日本の古典文学、とりわけ和歌の道にかけては練達しています。記憶力、理解力ともに抜群、授業では英語なども常に優秀な成績を示すなど、将来が楽しみです」

この生徒、松本英子は一時期両親とともに仙の自宅に寄寓し、生活をともにしていた時期があり、仙は英子の神童ぶりを身近に見聞している。現在、彼女は海岸女学校の生徒として在籍しているが、大半の時間を日本文学、英語などを教える教師役をつとめているという。前途に希望の光を見出したデヴィソンは、讃美歌編集の日本語翻訳助手として英子を推薦願いたいと仙に手紙で懇願し、日時を定めて訪問した。その結果、讃美歌翻訳者として神に奉仕するという英子の決意を得て、明治一六年、まだ一七歳ながら、海岸女学校津田仙校長推薦による、英子の翻訳助手就任が決まった。

讃美歌翻訳当時、横浜で両親と
1883（明治16）年、17歳

デヴィソンの宿舎兼讃美歌編集所、横浜山手二二二番に隣接する二二一番の洋館は聖経女学校と呼ばれるバイブルスクールで、校長は米国人の女性宣教師である。デヴィソンは校長に讃美歌翻訳の仕事の期間中、英子を英語講師として、洋館の一室に寄宿させてくれるよう頼んだ。その結果、英子はスクールで英語を教えながら、その隣の讃美歌編集所に通う日々が始まった。

この近く二一一番のブラウン宣教師住宅では、かつて一一年前の明治五年から一二年にかけて、ヘボン式ローマ字創始者として有名なアメリカ長老派教会のヘボン宣教師ら新教各派の宣教師一四名が会合し、新約聖書日本語訳の合同委員会を結成して本格的な日本語訳が行われた。このように、横浜山手は聖書、讃美歌翻訳の国際交流点ともなっていた。英子が横浜でデヴィソンと讃美歌の翻訳に従事した一〇ヶ月あまりの期間、彼女は讃美歌翻訳作業と時間を調整して聖経女学校で英語を教え、千葉木更津から応援に来た両親を迎えて、しばらくの間、教員宿舎の一室で起居を共にしていた。

この時期の動きを、後年、デヴィソンと英子が詳細に語っている貴重な資料がある。

昭和三（一九二八）年四月にサンフランシスコで六二歳で亡くなった英子の葬儀から四ヶ月後の八月五日、サンフランシスコ湾北東部岸のバークリー市の自宅で、後の『永井ゑい子詩文』の編纂者海老名一雄と夫の永井元から英子の死の報告とインタビューを受けた八五歳のデヴィソンは、四五年前の追想を感慨をこめて次のように語った。奇しくも彼はこのあとまもなく、あたかも英子の後を追うように亡くなっている。

おゑいさんを見出したことは私にとつて何よりの幸福でした。私はおゑいさんの名をずつと前から聞いてゐました。おゑいさんといふ珍しい神童があるといふことは私が日本へ來ると間もなく津田仙さんから聞いたのです。然《しか》し、そのおゑいさんが私と一所《しょ》に讃美歌の仕事をしてくれやうとは夢にも想はなかつた。夫《そ》れまで私を援《たす》けてくれた日本人とは違ひ、おゑいさんには立派に英語が讀めた。日本文學の素養も申分なかつた。おゑいさんは毎日のやうに私の所に來て、私と椅子を並べて仕事をした。一句一句誦《じゅ》しながら日本譯の歌詞を練り、考へに考へて纒《まと》まつたものが出來上ると、夫れを更におゑいさんが手を入れて美しい日本語とし、又私は夫れを唱つて見ては語調の改《あらた》むべきところを改めた。これは明治十六年から十七年の間のことで、場所は横濱でした。おゑいさんは前後十ケ月以上私と一所に働いてくれたでしよう。實に才氣煥發《かんぱつ》、見るからに快よい娘さんでした……

（海老名一雄「ゑい子女史と日本の讃美歌」永井元編『永井ゑい子詩文』上篇）

後年、英子はサンフランシスコで、夫の永井元に当時の讃美歌翻訳作業の実況とその苦心を物語っている。そこにはデヴィソンの思い出とともに、二人の年齢を超えて共通する、未来への責任感が伝わってくる。

英語の樂譜に日本語を當てはめることは容易のことでは有りませんでした。原詩の調子の高き處《ところ》は日本語も強き言葉を用ひ、低き處には弱き言葉を用ひ、又重々しい處には之に應じた日本語を用ひねばなりません。又英語の歌句の長短により日本語の方も同様に調節せねばなりません。原詩の大體《だいたい》の意味、卽ち悲喜慶弔等の場合によつて、それぞれ之に适應した字句を撰ばなければなりません。私が一句一節を得《う》れば私が日本語で誦《うた》ひ、デビソンさんが直ぐ傍《そば》の樂器に合せて之を試みるのでした。斯《か》くして、數句を得て、一つの歌が出來上つた時、更に之を誦ひ且つ樂器に合せて、原歌の眞意とその歌調とに合ふか否かをためして見るのでした。そして尙不滿足の點があれば又やり返して見るのです。それだから、飜譯の修正、字句の改良等になか〱手間取りました。然《しか》し兩人の心組は眞劍でした。此讃美歌は將來幾十萬の人に誦はれ、記憶され、人の感情上に多大の影響を及ぼすのである、之は容易の仕事でないと云ふ責任感に充ち滿ちてゐました。

（永井元「日本時代のゑい子」永井元編『永井ゑい子詩文』上篇）

翻訳讃美歌『あまつましみづ』の完成

デヴィソンは、明治一六（一八八三）年に翻訳を開始してから翌明治一七（一八八四）年の完了までおよそ一〇ヶ月かかったという。彼は日記をつけていないので月日は定かではないというが、完成した讃美歌は二四六篇、短歌形式の頌歌一〇篇と記録している。

そのなかで、英子の代表作となった聖歌集第一五〇『あまつましみづ』（一九五五年版讃美歌第二一七『あまつましみず』）を取り上げる。当時の翻訳は、日本語の語彙が欧米語に十分に対応できなかったこともあって原文の概容を翻訳する「意訳」が多かったが、聖歌集の讃美歌翻訳でもデヴィソンは英子の才能を生かした短歌形式を採用して、ほとんど彼女の創作になっている。いうまでもなく、歌詞は新約聖書「ヨハネによる福音書」第四章一四節に記述されたイエスのことば、

「わたしが与える水を飲む者は、その人のうちで泉となり、
永遠の命に至る水がわきあがるであろう」

（一九五四年改訳『新約聖書』日本聖書協会）

から採っている。数ある新約聖書中の名場面のひとつであろう。

讃美歌『あまつましみづ』は、デヴィソンと英子が翻訳した明治一七年刊行『基督教聖歌集』（原歌）、明治二三年刊行『新撰讃美歌』（改訂）、それに現在の讃美歌となっている明治三六年刊行『さんびか』（改訂）の三種がある。基本主題は同じだが表現ニュアンスが異なるので、三種の歌詞を以下に示す。

冒頭の「あまつましみづ　ながれきて」は、不滅の名句としてどの版にも残されている。

〔明治一七年刊行『基督教聖歌集』による原歌詞〕

あまつましみづ　ながれきて　よにもわれにも　あふれけり
ながくかはける　わがたまに　よのみづいかで　たりぬべき

あまつましみづ　のみてこそ　わがたまはまた　かはかざれ
きみのめぐみは　われにこそ　つきぬいづみと　わきいづれ

あまつましみづ　貴きかな　たゆるせもなく　かぎりなし
そのましみづを　いくちよも　くみてたのしく　われはのまん

〔明治二三年刊行『新撰讃美歌』による改訂歌詞〕

あまつましみづ　ながれきて　あまねく世をぞ　うるほせる
ながくかわける　わがたまも　くみていのちは　かへりけり

あまつましみづ　ながれずば　つちよりいづる　みづはなど
ひとのたましひ　いかすべき　くめやめぐみの　ましみづを

あまつましみづ　ちよたえず　ゆたかにながれ　ひとみなに
いこひをえしむ　しゅのあいは　いづみとともに　あふれけり

〔明治三六年刊行『さんびか』による改訂歌詞〕
あまつましみづ　ながれきて　あまねく世をぞ　うるほせる
ながくかわきし　わがたましひも　くみていのちに　かへりけり

あまつましみづ　のむまゝに　かわきをしらぬ　身となりぬ
つきぬめぐみは　こゝろのうちに　いづみとなりて　わきあふる

あまつましみづ　うけずして　つみに枯れたる　ひと草《くさ》の
さかえの花は　いかで咲くべき　そゝげいのちの　ましみづを

この曲が『新撰讃美歌』、明治三六年版『さんびか』に採用されたとき、讃美歌編集委員会の指導者松山高吉《たかよし》が冒頭の「あまつましみづ　ながれきて」以外を改訂した。改訂理由と効果について、『永井ゐい子詩文』編纂者の海老名一雄は次のように評価している。

曲調もよいが、〔原詩〕歌詞の美しきこと讃美歌中屈指のもので、従つて普《あま》ねく信徒間に愛誦

さる、名歌の一つである。（中略）恐らくは女史が世に遺した一切の詩歌《しか》中傑作の一つとして紀念すべき名歌だと思ふ。（中略）

獨立の詩歌として兩者の優劣如何は別問題とする。讃美歌卽ち一定の曲譜に合せて唱ふべきものとしては此〔明治三六年版『さんびか』による〕改訂は非常によく出來て居ると思ふ。原歌が一節、七五七五七五七五から成つてゐたのを改訂者が七五七五七七七五としたのは全く曲譜に適合せしめんが爲の苦心で、たしかに錦上花を添へたものと云つてよからう。

（海老名一雄「ゑい子女史と日本の讃美歌」永井元編『永井ゑい子詩文』上篇、〔　〕内は筆者注）

初期の讃美歌は七五調で形式を整えるため、曲譜を一部変更することがあった。海老名の指摘のように、原詩形は七五七五七五七五で、曲もそれにあわせて楽譜三段目を短縮していたが、『さんびか』収録の際の七五七五七七七五とする改訂によって原曲で歌えるようになった。『新撰讃美歌』は明治の詩人、島崎藤村や蒲原有明《かんばらありあけ》に影響を与え、特に「あまつましみづ」に触発された国木田独歩が、抒情詩『独歩吟』中の「恋の清水」に結実したのではないかと推定されている（『新体詩・聖書・讃美歌集』新日本古典文学体系、岩波書店）。

通常、讃美歌には翻訳者の名は示されないが、幾度かの改訂を経たにもかかわらず、一九五五年版讃美歌二一七『あまつましみず』には、ローマ字でEiko Nagai 1884（翻訳創作をした明治一七年）と表記され、今もなお、広く愛唱されているのもうなずける。

デヴィソンとの讃美歌翻訳作業が完了した時点で、英子は海岸女学校に帰った。

このような経緯を経て、日本最初の銅版印刷の楽譜付き讃美歌集『譜附基督教聖歌集』は、明治一七（一八八四）年に刊行された。

四　バイブルウーマン

二年間の伝道活動

英子が海岸女学校を卒業した時期は記録がなく、横浜へ讃美歌翻訳に行った前後と推定するが、それ以前に彼女の学力は在学生はもちろん、卒業生の域をはるかに超えていて、ほとんど教師として後輩生徒の指導を引き受けていた。明治八年、海岸女学校に九歳で入学した英子は明治一七年に横浜から戻った時点で生徒と教師役を同時に卒業した。

海岸女学校卒業後、女子高等師範学校（女高師）に入学するまでの二年間を、英子は四谷《よつや》教会でバイブルウーマンとして伝道活動に従事した。バイブルウーマンとは、プロテスタント諸派キリスト教会が女子伝道学校を設立し、聖職者を目的として人材を養成して日本各地での伝道力の拡大を図った、日本人を主とする女性宣教師である。

明治になって米国から有能な女性宣教者が来日して布教し、明治八（一八七五）年には改革派教会の女性宣教師メアリー・キダーが最初の女性宣教師としてフェリス女学院を設立、教育と布教にあたった。同じ年に、神戸で神戸女学院が創設され、バイブルウーマン育成のため、神戸女子伝道学校を併設している。

英子が横浜へ行く二年前の明治一四（一八八一）年には、横浜で偕成《かいせい》伝道女学校が設立され、毎年一〇〇人前後の卒業生が伝道に派遣された。数年前まで鎖国だった宗教的フロンティアである日本への強烈な伝道意欲が、なまなましく伝わってくる。四谷教会ではミス・メアリー・J.ホルブルック宣教師に従って英子はバイブルウーマンとして活躍した。その当時の彼女の行動を、米国メソジスト教会教育部から派遣され、日本人に日曜学校で英語による聖書の教育を担当したミルトン・ヴェール博士は、後年、永井元に次のように語っている。

> 私の初めておゐいさんにお目にかゝつたのは一八八五年（明治十八年）で、私が東京の四谷教會で英語の聖書科を受け持つて居た時、日曜毎におゐいさんにお目にかゝりました。當時おゐいさんは年若く快活で、同教會のバイブル・ウーマンとしてミス・ホルブルック女史と共に傳道方面に働らき、教會のため立派な仕事をして下さいました。此時私共には和譯の讃美歌がありませんでした。ドクトル・デビソン氏が讃美歌飜譯委員に擧げられてから、天性詩歌《しか》音樂の愛好家たるおゐいさんの助けによつて其《その》飜譯を完成させました。若しおゐいさんの盡力がなかつたなら日本譯讃美歌の土臺を築くことは出來なかつたでせう。
>
> （永井元「日本時代のゐい子」『永井ゐい子詩文』上篇）

明治一九（一八八六）年に新学制で女子の最高学府となった東京師範学校女子部（明治二三年に東京

女子高等師範学校に改称）に英子は入学した。日本語ができない外国人教授の英語での授業が理解できない生徒のために、「助教師」として教室で授業の通訳に当たるなど、学科の中でもとりわけ英語の実力は抜群だった。

津田梅子、アメリカから帰国

この時期の前後に、明治四（一八七一）年に岩倉使節団とともに北海道開拓使派遣留学生として六歳でアメリカへ留学していた津田仙の次女、梅子が明治一五（一八八二）年六月にワシントンのアーチャー・インスティチュート（ハイスクール）を卒業し、同年サンフランシスコから一一年ぶりに帰国、一一月二一日に横浜港へ到着した。この時の梅子は一八歳で、ゑい子より一年半ほど年長である。東京から父の仙はじめ津田家の家族が横浜港の埠頭まで迎えに出た。麻布本村町の仙の家に一家を挙げて寄寓した時期は英子が六歳のときだったので梅子と接する機会はなかったが、それ以後、津田家と家族同様に暮らしていた英子も同行した。

英語の世界で育ち、日本語を忘れた梅子は、ひさしぶりで会った家族に囲まれながら話すこともできず、泣くばかりだった。そのなかで英子は梅子に英語で話しかけ、彼女の通訳で津田家の家族は話が弾み、明るさを取り戻した。

帰国はしたが、とりあえずの仕事もなく家で無為に時を過ごして憂鬱になった梅子は、翌明治一六年の春、新学期の一ヶ月半を海岸女学校で英語の初等読本、会話、作文、地理を教えた。梅子としては、自分は官費留学生で、権威のある官立学校での教職ポストを望んでいたが、日本語がまだ満足に

津田梅子

話せないので、学校で生徒と交わって日本の社会で生活するための練習のつもりで教職を引き受けたのであった。月俸二〇円、通勤に人力車代として五円かかるから、実質は月給一五円である。帰国したアメリカ人女性教師の後任として学校事務局から契約の更新を打診された梅子は、前任者の給与が月五〇ドルだったのに、同じ仕事をしながら自分の場合は約一五ドルであることを知って憤慨した。これが梅子の教職期間が短期間で終わった理由であった。アメリカで教育を受けた若い日本人女性が、権利意識を燃え上がらせ、人種差別の不合理を糾弾した最初の衝突である。それゆえに、本来なら英子と梅子は、短期間ながら同僚になっているはずだが、英子は明治一六年から翌一七年にかけて横浜でデヴィソンと讃美歌翻訳の仕事をしているので、その機会はなかった。

この年の一一月九日、天長節（天皇誕生日）祝賀の夜会が外務卿井上馨の官邸で開催され、岩倉使節団に同行した少女帰国留学生として、梅子も招待された。就職先探しで焦っていた梅子としては最高の社交場で、うまくゆけば仕事を紹介してくれる人物があらわれるかもしれないと、ひそかに期待していたであろう。この梅子の願望がかなった。

岩倉使節団の四人の副使のひとりで、最も若かった伊藤博文が、最も小さかった梅子を覚えていたのである。舞踏会の席にたたずんでいた梅子の前に、突然、フロックコートに勲章をつけた高官が近づいて、いたずらっぽく笑いながら声をかけた。

「私がだれだか、おわかりかな」

見覚えがないので当惑した梅子が顔を横に振ると、高官は愉快そうに顔を近づけた。

「伊藤ですよ、覚えていませんか、アメリカで最後にあなたを見たときは」

伊藤は手を、子供の背の高さほどにかざしていった。

「これくらいでしたよ」（古木宜志子『津田梅子』より「津田梅子：伊藤公の思い出」）

それから二、三、アメリカ留学の生活などを尋ねた伊藤は、その短い会話から、梅子の知識や能力を敏感に感じ取った。梅子の就職の心配を払拭するように、伊藤はすばやく人材獲得の手順を頭の中でまとめあげ、人々に取り囲まれて遠ざかった。

下田歌子との出会い

夜会から間もなく、梅子は伊藤から元宮中女官で歌人、教育家として有名な下田歌子を紹介され、麹町一番町にある、皇族や顕官などの妻や娘を教育する歌子の学塾「桃夭女塾《とうようじょじゅく》」を訪問した。その結果、梅子はこの塾で英語を教え、個人交換教授として歌子から国語と書道を習い、梅子は歌子に英語を教えることになった。梅子にとっては夢のような事態の好転である。

このころ、伊藤は近代的内閣制度樹立を進め、日本最初の内閣を組閣しようとしていた。

下田歌子

脱亜入欧を国家の方針とした明治政府は、その形作りが進捗するにつれて、外国政府首脳夫妻や、大使夫妻などと「夫妻で交歓する」国際マナーに順応しなければならない行事が多くなった。しかし新政府の顕官は、彼らの妻が外国の高官の夫人たちと比べると、総じて一般教養の点で後れをとっていると自覚していた。このままでは国の面子《めんつ》にかかわる事態になる。問題を解決する手段として、伊藤はじめ政界の有力者が歌子を支援して作った学塾が桃夭女塾で、ここで顕官の妻女たちに基本的なマナーを急いで教えた。事実、伊藤の妻も山県有朋の妻も元芸者で、桃夭女塾の初期の生徒になっている。

桃夭女塾の近くに伊藤の邸があるので、伊藤は梅子に夕食は伊藤邸で摂《と》り、妻や娘に英語を教えてくれるよう、歌子を通じて依頼した。梅子はこれも幸運に思ったが、さらに伊藤から追加の依頼がきた。邸に住み込んでほしいという。

伊藤は外務卿井上馨が外国出張の場合、外相代理を務めることになっていた。当然、英語が必要な場合が多くなり、妻や娘では処理しきれないので、通訳と英文書類を処理する秘書のような役割を梅子に期待したのである。家を離れて他家に住み込むことにためらいを見せる梅子に、伊藤は父の仙に、梅子自身のためでもあるが、ひいては日本のため、帝国のためでもある、と説得し、父からの勧めを受けて、梅子は伊藤邸に移る決心をする。

明治政府の気負いを示すように、この年の秋、鹿鳴館が開館した。

桃夭女塾は、明治一八年に四谷仲町の皇宮御料地に校舎を建て開校した宮内省直轄学校「華族女学校」に吸収合併された。下田歌子と梅子の友人の大山巖夫人捨松《すてまつ》が創設準備委員に任命されている。

桃夭女塾の教師だった梅子は引き続き華族女学校で教職に就けるかどうか捨松に打診し、

「多分、大丈夫でしょう」

との答えは返ってきたものの、お雇い外国人全盛の時期で外国からの推薦も多く、イギリスから女性教師が招聘されるかもしれないという噂が広がっていたのも、梅子の気がかりを大きくした。いまの立場としては、お雇い外国人制度が腹立たしい。

「日本最初の女性官費留学をした私を差し置いて、なぜ外国人教師の採用を考えるのか」

しかし案ずるより産むがやすし、ぬかりのない伊藤が指示をしていたらしく、予想を超えた結果を得る。明治一八（一八八五）年四月二六日、梅子は宮内省から準奏任官に任じられ、年俸四二〇円の教授補を命じられて華族女学校で教鞭をとることになった。

このように梅子が父の津田仙の果敢な「教育投資」のおかげで、英子とそれほど年齢差はないのにもかかわらず、早々に雲の上の社会である華族女学校の教師となった姿を見て、梅子に対する英子のライバル意識に火がついた。

「このままではいけない。もっと勉強し、研鑽を積んで、私も社会から認められるような場所で働かなければならない……」

その転換のチャンスは、すぐにやってきた。

明治一八年の学制改革で東京女子師範学校は東京師範学校に合併され、同校女子部として学生募集されることになった。当時の女子教育の最高学府である。

梅子が華族女学校教授補に就任したころ、この布告を知った二〇歳の英子はバイブルウーマンを辞し、翌明治一九年四月に東京師範学校女子部に入学した。女子部は四年後の明治二三年には独立して女子高等師範学校（女高師）となり、現在のお茶の水女子大学に至る。

東京師範学校女子部に入学するまでのバイブルウーマンとしての二年間を、英子は大山捨松など上流階級の女性たちにも物怖じせず訪問し、熱心にキリスト教を伝道した。この積極的に相手に語りかける行動が、のちにアメリカへの単独行でのさまざまな危機的境遇から、みずからを救うことになる。

第二章

閉塞社会の弾圧

一　女子高等師範学校卒業前後

「助教師」として奮闘

明治前半の高等程度の学校では、普通教科を教える日本人教師の人材不足を反映して、高給で雇われた外国人、主として米英人教師数名が授業を担当した。かれらは日本語がわからないので、当然のように英語で授業をする。一方、学生の多くは英語での聞き取り《ヒアリング》能力が低く、授業は停滞した。正岡子規は新聞『日本』に掲載した随筆集『墨汁一滴』で、大学予備門時代の試験の状況をつぎのように回想している。

（前略）余のもっとも困ったのは英語の科ではなく数学の科であった。（中略）数学の時間には、英語よりほかの語は使われぬという制規であった。つまり数学と英語と二つの敵を一時に引き受けたからたまらない。とうとう学年試験の結果、幾何学の点が足らないで落第した。余が落第したのは幾何学に落第したというよりも、むしろ英語に落第したという方が適当であろう。それは幾何学の初めにあるコンヴァース（converse 逆）、オッポジト（opposite angles 対角）などという事を英語で言ふのが余にはできなんだので其外《そのほか》二行三行のセンテンスは暗記することも容易でなかった位に英語がわからなかった。（後略）

（『子規全集第七巻』アルス、昭和二年九月発行）

このような英語至上主義から生じる弊害を学校として緩和するために、英子は学校から委嘱されて「助教師」という資格で、教室で教壇の傍に自分の机を置き、米英人教授の講義《レクチュアー》を日本語に通訳した。職務には一定の報酬があったと思われるが、無職で高齢の父母から仕送りなど経済的な援助がない英子としては、有難い収入源である。しかし通訳した言葉が学生に理解されているかどうか、その結果が試験と成績につながると思えば、責任感の強い英子には強いストレスになった。しかも自分も通訳をしながら学生として授業を受け、ノートをとらなければならない。それだけではなく、外国人教授たちは来日してまだ間がなく、英語が通じる英子に衣食住にいたるまで日常の生活についてあれこれ依頼し、彼女もこれに応じた結果、過労に陥って倒れた。学校からの知らせで実家から母のなほが来て、英子は体力が回復するまで懇切に看護された。

後年、永井元編『永井ゑい子詩文』下篇「ゑい子つれ〴〵草」第百七十九の二に在學中己《おの》れはたび〳〵病に犯《おか》され、そのつど母の慈愛ある忍耐ある看護を受けぬ。その忘れ難き親切は今もしみ〴〵身に覺ゆ。

と記述しているように、在学中は常に過労状態だったことがわかる。健康が回復して教室に出席するようになったが、「助教師」の仕事は相変わらずこれまで通り続けていた。この教壇通訳の仕事は学校もまだまだ必要だったし、英子にとっても、いまや学生生活を続けるために欠くことができない生計手段となっていた。

シェークスピアの英語劇を好演

東京師範学校女子部は明治二三（一八九〇）年に独立して女子高等師範学校と改称するが、それを意識したようにこれまでにない催しが企画されていた。明治一〇（一八七七）年に開設された東京大学が、明治一九（一八八六）年の帝国大学令の制定によって、教育を主とする法科大学、医科大学、工科大学、文科大学、理科大学などの分科大学（カレッジ）と、研究を主とする大学院からなる総合大学、「帝国大学」となった。男子の最高学府である。

一方、女子の最高学府は、東京師範学校女子部が女子高等師範学校（女高師）に改称して独立が予定されていた。鹿鳴館時代の趨勢で、帝大、女高師からそれぞれ特に英語力の優秀な学生を選抜し、シェークスピアの戯曲を原語で対話劇として演じるという、秀才・才媛の競演が企画された。帝国大学から日置益《へぎます》、師範女子部から松本英子が選ばれた。日置の在籍学部は資料となる永井元編『永井ゑい子詩文』には記載されていないが、帝大卒業後、外務省に入り、昇進を重ねて駐米大使館一等書記官に任官しているので、高級官僚の養成機関とされる法科大学であろうと推定する。戯曲の練習で対話を重ねている間に、英子は日置にほのかな恋心を抱くようになったらしいことが、その後、彼について断片的に語っている言葉からうかがえるが、当然のなりゆきだろう。しかし二人が育った時代の影響や、互いに注目されている学生の身分を意識してか、それぞれの思いを伝えることはなかった。日置は駐米大使候補の噂もあったが、大正一四（一九二五）年に病死している。

沙翁《シェークスピア》劇開催時期は明治二一（一八八八）年前後、場所は上野であるという以外、記録資料はない。ちょうどその約一年前、明治二〇年に官立の東京音楽学校が上野に開設された。この時期、上野で舞台と観客席を備えた場所といえば、おそらく音楽学校の奏楽堂であろう。シェークスピア劇の演目は『リチャード三世の悲劇』で、主役としてリッチモンド伯爵、のちにヘンリー七世となったヘンリーを日置が演じ、相手役としてエドワード四世の后《きさき》エリザベスを英子が演じた。この戯曲は容貌怪異なグロスター公リチャードが王位への野望に憑かれ、戦乱の時代、陰謀と暴虐の中に自己の存在理由を見出す、中世の既存の世界の中に近代的な人間解釈を盛り込んだシェークスピアの五幕の傑作とされる。この長大な悲劇から二人の王族の男女が演じるダイアローグ（劇中対話）の部分を、日置と英子が舞台に立って演じた。観客席は政府顕官と貴婦人、朝野の名士、それに帝大、師範女子部両校の教授や学生たちで満員となったが、二人の出演者は自分でも満足するほど申し分なく好演し、喝采を浴びた。期待の催しが成功裡に終わってほっとした帝国大学の濱尾新《あらた》総長は二人を一室にまねき入れ、茶菓を饗して二人の演技を称賛し、労をねぎらった。

「いやー、じつに見事であった。今日の演技は二人ともまことに上出来、来賓も両校の諸君も大喜びだ。これまでの大変な練習の成果じゃ。御苦労、御苦労」

日本の最高学府の男女学生の英語表現力がこれほどのものであったかという感銘と安心感を、この時代の社会の上層部に与えた意義はそれなりに大きい。

それにしても幼児のころ、子守に村祭りの芝居見物に連れて行かれ、そこで演じた義太夫節を最初から終わりまで暗唱し、父から異能を見出される端緒となった英子が、シェークスピアの劇中対話を流暢に暗唱したことはそれほど不思議とは思えない。むしろ相手の日置が、異能児英子と対等に演じきったことに、彼も単なる秀才ではない思いがある。とはいうものの、教室で「助教師」の職務と学生としての勉強の両立という多忙な日常に加えて、英語劇で帝大の俊英と舞台で競演する英子の能力と自信は並外れていた。

濃尾大地震の義捐活動に奔走

一方、伊藤博文のひきで、津田梅子は華族女学校教授補に就任してから一年二ヶ月で奏任官と教授に昇任、年俸も五〇〇円となった。当時、奏任官に任じられた女性は、華族女学校学監の下田歌子と教授の梅子の二人だけである。英子は身近なライバルと思っていた梅子の背中が、ますます遠ざかってゆくように感じた。英子が女高師を卒業する前年の明治二二（一八八九）年七月、梅子は教授在職のまま、二年間の研究休暇を得て渡米した。出発当日、横浜埠頭に見送りにきた英子は、自分も機会を得て渡米し、カレッジで勉強したいと思ったにちがいない。梅子は九月にペンシルヴァニア州ブリンマーにあるブリンマー・カレッジに入学した。この女子大学はジョンズ・ホプキンズ大学の総合カリキュラムをモデルに教育計画を定め、アメリカで学士号を授与した最初の女子大学のひとつで、梅子は生物学を専攻した。

翌明治二三（一八九〇）年、東京師範学校女子部は独立して女子高等師範学校となり、英子はその第一期生として卒業し、華族女学校に教師として就職した。特殊例である梅子は教授で奏任官、つまり官吏で監督者だが、英子は雇われる側の教職員である。

その翌年、明治二四（一八九一）年一〇月二八日の朝、国土も国家も揺るがす天災が生じた。岐阜県南部から愛知県にかけてマグニチュード八・〇の大地震が発生したのである。最大有感距離八〇〇キロメートルで東京でも揺れを感じ、近年の日本の内陸部で起こった地震としては最大級とされる濃《のう》尾《び》大地震である。死者は七二〇〇人余、負傷者は一万七〇〇〇人を超え、全壊家屋は約一四万戸、被害地は岐阜、愛知、三重、福井、滋賀の五県にわたった。新聞は被災地の惨状を連日大々的に報じて全国民の耳目を集め、帝室から三〇〇〇円が下賜され、民間でも義捐《ぎえん》金の形で募金活動が行われた。英子は社会活動に積極的なメソジスト派のクリスチャンとして立ち上がり、学校や教会で知人となった婦人たちと語らって慈善バザーを企画、自らリーダーとなって業界関係者を説得するため「綱引き後押し」の人力車に乗って義捐金集めに奔走した。なかでも慈善演芸会では歌舞伎で荒事をお家芸とする九代目市川団十郎の義捐出演を得て大成功をおさめ、入場料や義捐金など予想をはるかに超える、巨額の金額を集めて罹災地に寄付した。

一四年後、単身アメリカに渡った英子が「一九〇五年セントルイス世界大博覧会」で日本店の売り子となり、即興のアイデア商法で大量の商品を売り捌《さば》いて周囲の日本人を驚嘆させたビジネスの才能と活動力を、このときの義捐活動で発揮したのである。

濃尾大地震の翌年、明治二五年に、英子は抜群の英語力が縁となり、米国の大学で哲学博士の学位を取得し外務省翻訳官で東京専門学校（早稲田大学の前身）教頭の家永豊吉と婚約した。『永井ゑい子詩文』の解説によると、家永は一八六二（文久二）年生まれ、英子より四歳年長である。渡米してジョンズ・ホプキンズ大学で一八七六年に開講したばかりの哲学部に学び、哲学博士の学位を得た。帰国後は欧米の大学教育普及運動の先駆的紹介者としての功績が記録されている。英子はすでに満二六歳、数え歳では二七歳で女性の婚期にうるさい当時として多くの縁談が持ち込まれたであろう。そのような状況で、かねて米国留学を望んでいる彼女にとっても、期待以上の相手であった。この年の一二月、彼らは結婚した。

二　家永豊吉と結婚、五年後突然の破産離婚

若松賤子と『女学雑誌』

明治二五（一八九二）年、長崎で伝道に従事していたデヴィソンは、九年前、横浜で英子の助けを借りて世に出した『譜附基督教聖歌集』が改訂の時期を迎えたので、再び修正、改訳を担当するため東京に転任した。新橋停車場へ出迎えた英子を見てデヴィソンは

「おゐいさん、お久しぶりです。随分大人らしくなられましたね」

と、目を見張って驚き、喜んだ。あのころの「才気煥発で、見るからに快い娘さん」は、はきはきした言葉遣いに当時の面影を思わせるものの、理知的な近代女性に変貌していた。

「お便りしましたように、私は家永豊吉と結婚いたします。それで、私どもの結婚式にデヴィソンさんをご招待申し上げたいのです。東京に来られたばかりでご多忙と思いますが、よろしくお願いします」

英子の言葉に、デヴィソンは嬉しそうにうなずいて答えた。

「結婚のお話はお手紙でうかがい、承知しています。挙式へのご招待は有難くお受けします。神がお二人の前途に祝福を授けて下さるように」

この年の一二月、家永、松本両家の結婚式が芝の紅葉館で開催され、デヴィソンは日本人だけでなく、米英人の名士夫妻が居並ぶ招待客に感嘆した。彼が英子との翻訳の機縁となった津田仙《せん》や梅子も招待されていた。人々が新郎新婦に祝福の言葉を贈るなかで、彼は英子が日本の知識階級の一員として、まずは幸福な人生を送るだろうと常識的に推測した。

結婚後の英子は華族女学校を退職し、家庭生活のなかで英詩の翻訳や創作に没頭した。教師として津田梅子にライバル意識を抱いたように、彼女はそのころ、巌本善治《いわもとよしはる》の編集による、キリスト教に基づく女性向け雑誌『女学雑誌』を発表の舞台として、詩と小説の翻訳で名声を博しつつあった若松賤《しず》子《こ》を意識していた。樋口一葉、馬場孤蝶《こちょう》、戸川秋骨《しゅうこつ》ら明治中期の新進作家を生む揺籃となった『女学雑誌』は、英子の結婚式の翌年、北村透谷、島崎藤村、上田敏《びん》らが同人として発足した『文学界』

へと展開する。

若松賤子は会津藩士の娘として、一八六四（元治元）年に会津若松で生まれた。フェリス女学院出身のクリスチャンで、津田梅子と同年である。ブース学院長から彼女の文学的才能と西欧的な教養に加えて「パーフェクト（完璧）」と評された英語力と近代的な日本語の表現で、彼女は翻訳家として頭角を現した。

一九歳で卒業後、直ちに母校の英語教師になり、結核で病身だったにもかかわらず、二六歳の賤子は二七歳の巌本善治と横浜の海岸教会で結婚式を挙げた。結婚を機に、病身を押して、賤子は『女学雑誌』を中心に次々と翻訳作品を発表した。おもな英詩人を挙げると、ロングフェロー『世渡りの歌』、テニソン『イナック・アーデン物語』、ディケンズ『いわひ歌』『雛嫁』などで、なかでも米国の女流作家フランシス・イライザ・ホジソン・バーネットが一八八六年に刊行し、ベストセラーになった家庭小説 *Little Lord Fauntleroy* を賤子が翻訳した『小公子』は、主人公セドリック少年の魅力とともに、当時、新時代文学の表現として二葉亭四迷らが提唱した言文一致のわかりやすい文章と、優しい感傷性を含んだ美しい文体で人々を魅了した。

賤子は讃美歌も翻訳し、昭和二九年改定版『讃美歌』に三篇が彼女の翻訳として小玉晃一・敏子著『明治の横浜』に紹介されている。そこにはかつてのゴーブルやクロスビーに始まる日本語讃美歌の稚拙な表現は遠い昔の物語となり、英米の名詩を古典日本詩語の美意識によって練り上げられた賤子の翻訳詩藻は、『女学雑誌』に続く『文学界』の北村透谷、上田敏、島崎藤村らによる新体詩の先駆けとなった。

詩歌集『からなでしこ』

それら同時代のライバルたちの息吹を感じながら、英子は『からなでしこ』と題して翻訳詩を中心にした詩歌集を編んだ。自序には明治三四（一九〇一）年中秋、著者名は「松本みどり」としているので、離婚して松本姓に戻り、毎日新聞記者になった時期であろう。

明治三四年から三五年にかけて毎日新聞に五九回にわたって連載したルポルタージュ『足尾鉱毒の惨状』の記者ネーム「みどり子」は、ここから採られたのであろう。全体にバラード（物語詩）風の作品が多く、有名無名の作者から特に著名な数人と翻訳詩題を挙げる。

出典は『松本ゑい子詩文』上篇「からなでしこ」による。

○ウイリアム・ワーズワース

一八～一九世紀ヴィクトリア朝のロマン主義桂冠詩人で、代表作は自伝的長詩『序曲』。英子は『永劫存在の歌』『ライダマイア姫』『母の思ひ』を翻訳している。

○アルフレッド・テニソン

一八～一九世紀ヴィクトリア朝の国民的桂冠詩人。難破して死んだと思われた船乗りイノックが帰国したが、かつての親友と再婚して幸せに暮らす妻と子を垣間見て、そのまま姿を消すテニソンの代表作『イノック・アーデン』は、若松賤子の翻訳『イナック・アーデン物語』で、浄化された自己犠牲を描く長編叙事詩として広く知られた。英子は訳詩『さつき姫』で、花の生の限界と死を自然界の無常の歌としてロマン派的に表現した。

○エドモンド・スペンサー

一六世紀エリザベス朝時代の代表的詩人のひとりで、豊麗な詩藻を駆使した叙事詩『妖精の女王』が代表作とされる。英子の訳詩は、誤解によって主人に殺された猟犬を主題とするバラード（物語詩）『ルエリンの愛犬』。

○ウォルター・スコット

一八～一九世紀スコットランドの詩人・歴史小説家で初期に詩から歴史小説に転じ、代表作としてノルマン人による征服時代の騎士物語『アイヴァンホー』のほか、叙事詩に『湖上の佳人』が知られる。英子訳は詩人のスコットランドへの祖国愛を歌った『愛国』。

○ヘンリー・ロングフェロー

一九世紀アメリカの詩人で、代表作『人生讃歌』は『世渡りの歌』として若松賤子の翻訳がある。英子の翻訳は人生の無常を詠う『玉の緒』と、メイフラワー時代の清教徒の軍人物語『ゆかりの一本』で、『永井ゑい子詩文』掲載では二八頁にわたる多彩な散文である。

『からなでしこ』は出版可能寸前まで仕上がりながら日の目を見なかった。英子が若松賤子と『女学雑誌』のような発表の舞台を持たなかったのがおもな理由といえるだろうが、結婚翌年の明治二六（一八九三）年、九年前に横浜で協同翻訳して刊行した『譜附基督教聖歌集』の修正改訂にかかっていたデヴィソンから、英子が再び助力を要請されたこと、さらにそのあと、婚家が破産、離婚した後の彼女の視点が、詩の世界から新聞記者として現実社会の暗黒面へ大きく変わったことが決定的な理由と思われる。

『譜附基督教聖歌集』は刊行後九年あまり、明治二八（一八九五）年まで、メソジスト派の各教会の礼拝で広く歌われた。以来、デヴィソンは長崎を拠点として宣教につとめていたが、聖歌集の改訂時期を迎え、多くの新しい改訂委員のひとりとして任命された。

改訂版の編集に現行版の編集者が加わるのには、かなりの摩擦が生じる。改訂の目的は新しい時代の用語やスタイルを導入し、常にその時代にふさわしい聖歌（讃美歌）とするのが建前だが、一方では現行版を最善とする認識の否定になりがちで、現行版編集者としては、改訂委員会は愉快な場所ではない。しかしデヴィソンと英子を除いた新改訂委員のみでは、作業は成り立たなかった。この間の事情を、デヴィソンが『永井ゑい子詩文』の編纂者、海老名一雄に宛てた書簡であきらかにしている。

當時彼女は病體であつた。然し改訂本の歌詞全部を校閲してこれに修正を加へた。委員は大勢あつたが、實際の仕事は殆んどすべておゑいさんと私とがした。そして他の委員に對しては私共のやつた仕事を見せてたゞ賛成を求むるに過ぎなかつた。

（海老名一雄「ゑい子女史と日本の讃美歌」『永井ゑい子詩文』上篇）

ほかならぬデヴィソンから懇願され、英子は懐妊中で健康状態が思わしくなかったが持ち前の責任感で改訂の仕事を承諾し、聖歌集全二四七篇と短歌一〇首を一篇ごとに原詩（英詩）と対照して加筆、あるいは部分改訂した。詩全体を改訂する場合は付箋をして書き改め、新たに一〇〇篇ほど付け加えるなど、自分が自由にできる時間を、すべて改訂作業に捧げた。当時、現存の稿本を校閲した海老名は、つぎのように記述している。

（前略）どの頁として朱筆の入つてゐないものは殆んどないと云つてよい。中には全頁が皆朱《みなしゆ》になつて居るのもあれば、或は別に歌詞を認《したた》めた紙を貼付《てふふ》したのもある。そして其《その》殆ど九分九厘が明かに女史の筆跡である。（中略）これに依《よ》つて見れば明治廿八年版の「基督教聖歌集」の歌詞の中で女史の息のかゝつてゐないものは殆んどないと云つてよいのである。

（海老名一雄「ゑい子女史と日本の讃美歌」）

こうして明治一七（一八八四）年に刊行された『基督教聖歌集』は、明治三三年に組織された超教派の「讃美歌委員会」によって歌数四八五を収めた明治版『讃美歌』に結集し、改編されながら現在の讃美歌に継承されてゆく。しかし英子はこの時期を最後に、讃美歌編集の座から去った。突然、家永家が破産し、生活基盤が崩壊したのである。

結婚以来約五年間、英子は夫豊吉とともに家庭を守り、出産と子育て、米英詩文の翻訳、讃美歌の改訂にかかわるなど、産後の健康不調にもかかわらず多忙な生活を過ごしてきた。

若松賤子の刺激もあって、翻訳詩文集『からなでしこ』の制作に没頭した時期の途中でデヴィソンから基督教聖歌集の改訂案原稿執筆の依頼を承諾した。

その結果、彼が英子の改訂案原稿を改訂委員会に提出して審議、承認され、明治二八（一八九五）

年夏に『改正基督教聖歌集』が出版された。

婚家の破産と父の死

彼女はこの年の三月一八日に、長男勝之助を産んでいる。日清戦争に勝利し、四月には下関で講和条約が締結された時期で、日本中が沸き立っていた。「勝之助」という名もそこからつけられたという。長男の誕生と入れ替わるように、二ヶ月後の六月、父貞樹が故郷の木更津茅野で没した。享年七七歳であった。父は英子の異能を見出して磨き上げてくれた恩人でもあったが、彼女は妊娠中にもかかわらず、改訂原稿執筆で無理をしたせいか産後の肥立ちがわるく、父の死に目に会うことはできなかった。貞樹は人徳者として知られ、教え子たちによって明治一九年、貞樹が六八歳のときに高さ三メートル、幅一メートル半の寿蔵碑が建てられ、正四位勝安房《かつあわ》（海舟）が篆書《てんしょ》で題字を、元老院議官正五位中村正直《まさなお》が碑文を漢文で草して掲げた。中村正直は漢学と英学を学び、小石川で漢学塾を開いていたとき、江戸で武家屋敷奉公しながら学んでいた若い貞樹に漢学を教え、和歌の詠草（練習原稿）を直すなど親身に指導した、貞樹にとって恩師である。維新後は、中村は東大教授、貴族院議員に任ぜられたが、翻訳家として高名で、とりわけ英国の著述家サムエル・スマイルズの *Self Help*（自助論）の翻訳『西国立志編』は明治の青年たちに広く読まれ、その影響を受けた国木田独歩は短編小説「非凡なる凡人」のメインテーマとした。幕末に江戸明け渡しの幕府側交渉役として活躍した海舟勝麟太郎も、おなじ時期に知り合ったのであろう。

このような名士の碑文による寿蔵碑から、貞樹の声望の大きさが推定できるが、それを利用した一部の近親者に債務保証を負わされ、債務者が返済不能となって、晩年の貞樹は先祖伝来の田畑や家屋を失っていた。信用の大きさと「人のよさ」が災いになったといえる。

それ以上の事態が、家永家でも発生した。勝之助が生まれて二年後の明治三〇年の秋から初冬ごろ、家永家が破産し一家は離散、英子は勝之助を残して夫の豊吉と離婚、旧姓の松本に戻ったという。これ以外の記録はなく、理由も原因もわからないが、少なくとも学者の家計で破産するほどの過大な借金をする必要はない。とすれば、豊吉が債務連帯保証をした知人が債務返済不能となり、保証責任額が豊吉には弁済できないほど大きくて、破産に追い込まれたのではないか。当事者の豊吉は記録からまったく消えているので、失踪し、自殺した可能性もある。江戸時代後半から、たとえば越後屋（伊勢三井家）の家訓の冒頭に保証を厳しく禁じているように、連帯保証が生んだ悲劇は多い。勝之助は家永家の両親が引き取ったらしく、年末には英子は松本姓にもどって、京橋南新堀の裏長屋で借家暮らしをはじめた。

華族女学校の雇教師に

娘を哀れんだ故郷の母なほ子は、上京して家事などの世話をしたが、とりあえず生計の道を求めなければならない。師走のある日、英子は津田梅子を訪ねて就職の依頼をした。

「梅子さん、御存知のように、私の婚家は突然破産して、夫家永の行方はわかりません。ご両親の勧めで、二歳になる勝之助は、あちらで育てていただくことになりました。私は松本姓に戻り、独り身として自活しなければなりません。そのような次第で、下田先生に華族女学校で教師としてご採用をお願いしたいのですが、おとりなしいただけませんか」

涙ながらの英子の懇願に、梅子も涙ぐんでしばらくうつむいていたが、顔をあげてまっすぐに英子の目を見つめ、うなずいた。

「英子さん、ご結婚以来築いてこられた家庭が大変なことになり、どのようにお慰めしてよいかわかりません。ご要望はわかりました。学監には、私からお願いしましょう」

まもなく梅子は下田歌子学監に英子の教師採用を請願して英子を引き合わせ、年が明けて明治三一年一月一八日付で、雇用の辞令が授与された。

辞令　　松本ゑい　　雇《やとい》教師ヲ命ズ　　但月俸拾圓給與　　華族女学校

この辞令は、松本家の縁者相馬清の著書『松本英子の生涯』によれば、東京都中野区の松本家縁者宅に保存されているという。さらに別の縁者宅には、明治三一年七月九日付の昇給辞令が保存されていると写真で紹介されている。

雇教師松本ゑい　自今月俸拾三圓給與　　華族女学校

半年で月給が三円（現在では約六万円相当）昇給とは異常だが、翌明治三二年に下田歌子が創設した実践女学校の設立教員として働いているので、その報償であろう。

「雇い」とは役所や学校では臨時雇用員を指し、明治三〇年当時の「おかかえ人力車夫」の月収約一二円（横山源之助『日本の下層社会』）と比較すると、人力車夫なみの生活レベルである。一方、梅子は年俸五〇〇円の奏任官教授に加えて、この年の五月から英子の母校である女子高等師範学校の教授も兼任することになった。英子の身分からみれば「雲の上の人」で、もはやライバルなどは遠い過去の思い出にすぎない。屈辱的な状況のなかで、とにかく雇教師としての日常がはじまった。

職場はおもに華族女学校が授業の現場だったが、創立直後の実践女学校で教えることもあった。英子は白羽二重の襟をきちんと合わせた地味な和装で、濃い茶のカシミヤの袴を胸高にはいていた。服装とおなじく行動もきわめて几帳面《きちょうめん》で、英習字の時間では生徒の机に適当に置かれたインク壺を、教えた定位置に一々置き直した。学校の教科では、初等、中等科の英語と家政科を担任した。のちに女子学習院となる華族女学校の名にふさわしく、教え子には未来の皇族や貴族の奥方、あるいは駐米大使夫人となる上流階級の生徒が居並んでいる。中等科の英語のテキストとしては、シェークスピアの *The Merchant of Venice*（『ヴェニスの商人』）や、前年一月に出版され、有名になった若松賤子の翻訳『小公子』の原作、バーネットの *Little Lord Fauntleroy* を用いた。家政科では西洋人との交際に必要な作法を中心に、西洋料理の種類、調理法から食器の種類と使い方、とりわけ萎縮せずに西洋人と食事ができるよう、テーブルマナーを入念に教えた。

一見、ささやかながら平穏な教師生活だったが、自分もその渦中にある日本の社会は、貧民窟の増加や足尾銅山鉱毒被害地への特権階級の強権による弾圧で爆発寸前の状態だった。そのなかで、特権階級、良家の子女の教育に毎日を過ごす日々に耐えられなくなった英子は、キリスト者としての自分の人生の意味を問い直した。

一年後の明治三二年の春、英子は華族女学校を退職し、新聞記者の道を進む。

三　横山源之助がつなぐ樋口一葉から英子への志

記者として毎日新聞社に入社

このころ、明治も後半になろうとする日本は、資本主義がもたらした社会の明暗を色濃く見せはじめていた。「脱亜入欧」政策の結果、日清戦争に勝利して下関条約で賠償金二億両《テール》（約三億五千万円）を収受し、造艦など軍備の増強に充てるとともに、陸・海軍省官制改正（大臣の現役制確定）など軍政の確立が行われた。民間では財閥が台頭して政界の権力と財界の資本力をあわせて基盤とする、富国強兵政策が推進された。まもなく開戦が想定される、日露戦争への準備である。

明治二六（一八九三）年に政府は三井合資会社設立に応じ、富岡製糸場を払い下げ、二九年には三菱合資会社に生野銀山を払い下げるなど財閥を育成し、その結果、彼らは国策協力機関として急速に膨張した。そのような情勢のなかで、京都の小野組生糸店の支配人だった古河市兵衛が独立し、渋沢栄一の援助を得て明治一〇（一八七七）年三月に政府から国有であった足尾銅山の採掘権の払い下げを受け、鉱山業をはじめた。彼はのちに銅山一二、銀山八、金山一に及ぶ大鉱山所有者となり鉱山王と呼ばれ、古河財閥の基礎を築いたが、その一方として足尾銅山鉱毒事件という、わが国公害史の筆頭になる悲惨な環境破壊を引き起こした。

地元栃木県選出の代議士田中正造は明治二四年一二月の第二国会で、足尾鉱毒の被害が三〇万の住民に及んでいると政府を追及し、三ヵ条の質問書を提出して吠えるように答弁を迫った。その質問と農商務大臣陸奥宗光の答弁を要約すると、次の問答になる。
一　問　政府が対策に緩慢である理由は？　答　被害の原因が確定できていない。
二　問　被害の救済方法はどうなっているか？　答　専門家による調査中である。
三　問　再発防止方法をどうするるか？　答　鉱物の流出防止の準備をしている。
質問者を愚弄したような、質問の要点を外した答弁からも伝わってくるように、政府は国策にとって必要な鉱山資源の確保につとめるため、救済を叫ぶ被災民や新聞論説などの世論を懐柔や無視する方針に終始した。津田仙、片山潜《せん》ら社会活動家は社会問題として解決組織をつくり、明治三〇年三月に檄文を全国に配布、東京神田美土代町の青年会館や本郷の中央公会堂で津田仙らが主催者の「鉱毒事件演説会」を開催して、毎日新聞社長の島田三郎が弁士として鉱毒現地の惨状を訴え、古河市兵衛の冷酷と政府の資本側擁護を攻撃した。

この年、明治三〇年の秋ごろ、家永家は破産事件に襲われるが、それまでは平穏な家庭で生活していた英子は津田仙から誘われて演説会に行き、そこで仙から島田三郎を紹介された。島田はジャーナリストとして当然、英語劇を演じた才媛英子を知っている。

華族女学校に雇教師として勤務してから、英子は鉱毒事件告発の演説や毎日新聞に掲載された横山源之助の底辺社会ルポルタージュ『都会の半面』で現実社会のすさまじい断層を知った。そして「良家の子女」の教育にかかわっている現在の自分を顧みて、彼女はイギリス産業革命時代に、広く救貧活動をしたと伝えられるメソジスト派の後裔キリスト者として慙愧《ざんき》の念に駆られた。華族女学校の職務に意欲を失った英子は、毎日新聞に入社したいと仙に相談し、仙の推薦に島田が応じた。彼女は明治三二（一八九九）年三月に華族女学校を退職し、三三歳で毎日新聞に記者として入社した。わが国草創期の女性新聞記者の誕生である。

『毎日新聞』は旧横浜毎日新聞が改名して東京に移り、明治二四（一八九一）年に社会改革を主張するクリスチャンだった島田三郎が社長となった新興新聞で、社会問題を編集方針とした進歩的新聞だったが、変遷の末、関東大震災で消滅した。現在の毎日新聞とは関係がない。島田はジャーナリストのあと政治家に転身し、立憲改進党を創立して大正四年には衆議院議長を務めた多才で雄弁な社会活動家であった。この時期、島田が率いる毎日新聞は記者横山源之助による貧民社会ルポルタージュに続いて、社会派作家でメソジスト派クリスチャンの木下尚江《なおえ》を編集長に招聘し、貧民問題、廃娼問題、それに社会を震撼させた足尾銅山鉱毒事件などの社会問題を中心に取り上げて論陣を張った。木下とほぼ同時期（明治三二年）に入社した英子は、木下編集長のもとで当初は婦人問題、貧民問題を中心に、続いて足尾鉱毒地域を実地探査し、「みどり子」の筆名で実態を糾弾した。華族女学校という上流階級の教室から活動環境は一変し、東京の三大貧民窟として、世間ではその名も口にするのを憚《はばか》るという四谷鮫河橋《さめがはし》、下谷萬年町《したやまんねん》、芝新網町《しばしんあみ》が、新聞記者としての英子の取材地域となった。

『日本の下層社会』の衝撃

資本主義発祥の地英国で、ディケンズが小説『ディビッド・カパーフィールド』に描いたロンドンの悲惨な貧民街《スラム》と同様に、東京や大阪などの都市では、極端な貧富の格差によって「社会の吹き溜まり」ともいうべき貧民地域が随所に生じた。明治二六（一八九三）年一一月に、国民新聞記者松原岩五郎は、新聞紙面に連載した貧民窟ルポルタージュに加筆し、単行本『最暗黒之東京』として民友社から刊行し、好評を博した。この時期は日清戦争開戦の前年で、まだ資本主義社会は成長途上にあり、「貧民窟」も噂には聞くが実態はほとんど知られていない。したがって『最暗黒之東京』は、著者自身が貧民や労働者と起居を共にして取材した生活の実態を挿絵入りで活写した実録読み物として歓迎された。

それから七年後の明治三三（一九〇〇）年四月、二九歳の毎日新聞記者横山源之助が『日本の下層社会』を教文館から出版した。先行の『最暗黒之東京』は貧民の生態を取材した一般向きの読み物風ルポルタージュだったが、『日本の下層社会』は各種労働者社会に重点を置き、その地域性と構造、そこから生じる問題を詳細なデータにより、社会のあらゆる階層を具体的かつ総合的に解明した画期的な労作として認められ高く評価された。時期も日清戦争に勝利し、日露戦争直前の日本の資本主義勃興による貧富格差が激しくなった明治三三年の春である。

横山は富山県魚津の出身、英吉利《イギリス》法学校を卒業して弁護士を目指したが失敗し、目標を失って放浪中に二葉亭四迷や松原岩五郎と知り合い、その影響を受けて社会問題に関心を抱いた。そしてジャーナリストに方針転換し、明治二七年に二三歳で毎日新聞へ入社した。

英子よりも四歳年下だが、記者としては五年、先輩になる。入社後、彼は「救世軍」の創立者で*In Darkest England and the Way Out*（『最暗黒の英国とその出路』）の著者ウイリアム・ブースの感化を受け、労働者の種類や生活状態、貧民が群がる底辺社会を、彼らと生活を共にして調査した。明治二八年一二月から、記者として最初のルポ『都会の半面』を連載、二九年一月には桐生、足利の織機業や北陸から阪神地方の工場地帯の労働事情を現地調査し、そのルポルタージュ（探訪記事）を紙面に連載した。入社三年目の明治二九年一〇月には『日本の下層社会』の第五章に相当する『小作人生活事情の調査』を掲載している。こうして明治二八年から三一年にかけて貧民の生態、職人社会、工場労働者の生活状態を調査した報告がまとめられた『日本の下層社会』は、個々の階級を具体的に詳細にわたってとらえているのみならず、あらゆる階層を総合的にとらえているとして、その存在意義が高く評価された。

底辺の労働社会のみならず、彼は文筆生活者の世界にも探索の手を伸ばした。この年の一月、樋口一葉の日記『水のうへ』に、日付を省いた次の数行がある。英子と同様に、当時の「考える女性」の政治・社会への共通した意識の動きが興味深く、しばらくこれに触れる。

明治二九年一月日記「水のうへ」から、横山源之助に関する記述がみられるようになる。

かどを訪ふ者日一日と多し　毎日の岡野正味《せいまい》　天涯茫《ぼう》々生〔横山源之助の号〕など不可思議の人々來る　茫々生ハうき世に友といふ者なき人　世間ハ目して人間の外におけりしとおぼし　此《この》人とひ來て二葉亭四迷に我れを引あはさんといふ　半日がほどをかたりき

（『樋口一葉全集　第三巻　上　日記I』筑摩書房）

一葉はこの年の一一月二三日に、二三歳八ヶ月で結核で死去した。その一〇ヶ月前に、本郷丸山福山町のうなぎ屋の離れ座敷を借りて住まいとしていた一葉は、初対面の横山と気が合ったらしく、結核の末期症状だったにもかかわらず、興にまかせて長時間話し込んだ。どのような内容かは記載がないが、辞去後の夜、横山が書いた手紙がそれを暗示している。

本日非常に長座、失禮此事に候（中略）人生茫々前途は如何《いかに》被遊候《あそばされそうろう》やらむと窃《ひそか》に心配中候
（中略）人間の運命と世相の眞實御冥想　余り気迅《きばや》なる事　御忍耐生活を處せられん事是れ小生の第二に貴方に望むものに御座し候　当分確實なる見込つき候まで文学者生活御忍耐如何に候やおん談の中ホノメキ候もの看取せられ候故強《しい》て此事申上候以上、思ひつき候まゝ御参考までもと所思を申上候　　頓首
御身体御大事に
夜二時頃　　茫
樋口　様

（『樋口一葉來簡集』「横山源之助からの書簡」筑摩書房）

樋口一葉の憤懣

当時の一葉はようやく作家として認められたものの、自分の目標からほど遠い皮相的で軽薄な賛辞や、社会への真剣な発言にもかかわらず、女の言うことは内容を問わずからかいの種にして嘲弄する、男社会の世の中に嫌気がさしていた。明治二九（一八九六）年二月二〇日の日記「ミつの上」か

ら、その鬱屈した心境が読み取れる。

しばし文机に頬つえつきておもへば誠にわれは女成りけるものを、何事のおもひありとてそはなすべき事かは（中略）

はかなき草紙にすみつけて世に出せば當代の秀逸など有ふれたる言の葉をならべて明日ハそしらん口の端にうや〱しきほめ詞《ことば》などあな侘しからずや　か丶る界に身を置きてあけくれに見る人の一人も友といへるもなく我れをしるもの空しきをおもへばあやしう一人この世に生れし心地ぞする　我れは女なり　いかにおもへることありともそハ世に行ふべき事かあらぬか

（『樋口一葉全集　第三巻　上　日記Ⅰ』）

樋口一葉

尋常小学校課程を首席で修了したのにもかかわらず、女に学問は不要、まず家事を習わせるという母親の裁量により、小学校四年で修了という経歴で「知」による生活を志した一葉は、読書や新聞の報道記事を通じて、自分が生きるべき手段を求めようとしていた。

なんとかして人に認められなければならない、その手段として彼女が学んだ中島歌塾で自らの天分を自覚して習得した流麗な仮名書法「千蔭《ちかげ》流」の手跡は、小説の師半井《なからい》桃水《とうすい》をはじめ、人々を彼女の創作へ注目させる手がかりとなった。上野の東京図書館に通い続けた独学の結果、彼女は歌塾では師の代講として源氏物語の講義をするほどの古典の知識と読解力を獲得したが、過労と粗食による栄養不足で障子の桟《さん》もはっきり見えないほどの近眼になり、数年後に結核に冒されて倒れる原因を招いた。

本郷菊坂の崖下の借家で、縫物や洗濯などの賃仕事で辛うじて日々を暮らしていた明治二六年五月、二一歳の一葉は「蓬生《よもぎふ》日記」に次の一行を書いた。

十一日　晴れ　今朝より國會新聞取る

窮乏生活にもかかわらず、庶民にとって特殊分野である国会新聞の購読をはじめ、彼女は政治、社会への視野拡大を志した。とりわけ同年一〇月、下谷竜泉に転居、駄菓子兼小間物屋の商いで生活したころの「塵中《ちんちゅう》日記」から、国会の動きや社会問題の記事が多くなる。

十三日　雨　議會招集令出る　十一月二十五日

（注　朝の号外に掲載された第五帝国議会の召集令）

十六日　一　かしましかるべきものよ　また今年の議會

一　後藤（象二郎）大臣及び斉藤次官の前途いかならむ（中略）

第五議會の開設も近づきぬる此《この》頃

二十五日（前略）此夜《この》田邊《たなべ》調査官來訪、貧民救助之事についてはなしあり

田邊調査官は下谷警察署の巡査で、貧民救助にもかかわっていた。彼の話は、自分自身が貧民に等しい零細な商いで生計を立てていた一葉が、強く関心をもっていた問題である。

人の出入りが激しい浅草寺仲見世通りや吉原遊郭が近い下谷界隈には、萬年町をはじめ南稲荷町《いなりちょう》、山伏町など、人力車夫や日雇い人足、屑拾いなどが群居する「貧民窟」と呼ばれる特殊地域が多かった。これらの住民に対する救助対策として病院や授産場、孤児院などが設けられることもあったが、そのほとんどはキリスト教団体や篤志家の慈善事業として行われるのみである。富国強兵に没入する政府には、弱者を顧みる余裕も配慮もなかった。

一葉にとって婚約者の渋谷三郎に婚約を破棄された衝撃、中島歌塾に通う良家の塾生たちと彼女の間を隔てる屈辱的な生活格差、見通しのつかないじり貧暮らしが一家を貧民の蠢《うごめ》く底辺社会へ容赦なく引きずり込んでゆく恐怖と焦燥感、その中から生まれた創作がようやく認められたころには、その代償として恐れられた肺病（結核）と死が待っていた。

死の半年前に『文学界』同人の馬場孤蝶に宛てた書簡には、「考える女性一葉」の核心が見える。それは当時の有能な女性の前に立ちはだかる、女性軽視への皮肉と諦観だった。

明治二九年五月三〇日　馬場孤蝶宛書簡（抜粋）

おもしろしと思ふ事もなし　よし又力を入るゝやうな事ハありとも　此方《このほう》づれがつべこべ何の用

をかなし候ハんや（中略）　さりとて是をすて丶外におもしろき事ありといふにもあらず　移らばやと思ふ業もなし（中略）
私は日々考えて居り候　何をとの給うな　ただ考えているのに候　大抵の人に思ふことをうち明けたとて笑いごとにされて仕舞ふべきに候まま　私は何もいはぬ方が洒落《しゃれ》ていると独《ひと》りぎめにして居り候　たかが女に候もの　好い着物を着て芝居でも見たい位の望みがかなハねば　彼《あ》のやうにぢれて居るのであらう　といふやうな推察をされて　馬鹿にされて　嘲弄されて　これで五十年をやっさもっさに送つて　そして死んでしまふ事かと思ふに　其《その》死ぬといふ事がをかしくてやつとほ丶ゑまれ申候（後略）

（『樋口一葉全集　第四巻　下　書簡』筑摩書房）

結核末期の病態で書いた書簡らしく、ここには時代を動かす発言者としての自分の思想を「たかが女に候もの」ゆえにからかい、閉塞する世間への憤りが生々しく伝わってくる。
横山が一葉に書き送った「おん談の中ホノメキ候もの看取せられ候故」とは、一葉が小説作者をやめて社会改革者へと性急に転向しようとする気配を察知した結果の忠告だが、その気配の奥に、女性軽視社会への憤りがあることも、ジャーナリストとして理解していただろう。新聞社の編集室で横山と英子が直接対話した記録はない。しかし、毎日新聞記者横山源之助が女流作家樋口一葉と後輩の女性記者松本英子を下層社会問題、女性社会問題を通じて「見えざる糸」で結びつけ、志を抱きながら実現できなかった一葉の無念の思いを、英子の記者活動に投影したように思える。

四　女性新聞記者として貧民街取材

貧民地域の子供の教育問題に関心

英子の新聞記者への道は、明治日本の資本主義がもたらした貧民問題からはじまった。

横山は『日本の下層社会』の「第一編　東京の貧民状態　第一　都会の半面」で、次の東京の最下層貧民地帯を傍点入りで強調している。

東京の最下層とは那處《どこ》ぞ、曰く四谷鮫河橋、曰く下谷萬年町、曰く芝新網、東京の三大貧窟即ち是なり。

貧民窟は人の往来の激しい大街道口に発生するらしく、東京からみて四谷は甲州街道口、下谷は日光街道口、そして芝は東海道口にあるのが共通している。貧民街の表通りは一見、雑多平凡な小店が居並ぶ家並が続くが、一歩路地に入れば、あたりの形相はぼろと悪臭に充ちた環境に一変する。自炊道具も持たない一部の住民は手に手に面桶《めんつう》（飯を盛る曲げ物容器）を持ち、陸軍鎮台の兵営や士官学校の厨房係が朝昼夕に払い下げる残飯、残汁を運んできて天秤で量り売りする「残飯屋」の大八車に群がって買い求め、待ち受ける家族と分け合った。

一ト度足《たび》を路次に入れば、見る限り襤褸《らんる》を以て滿ち余輩の心目を傷ましめ、彼《か》の馬車を驅りて傲然たる者、美飾靚裝して他に誇る者と相比し、人間の階級斯《か》くまで相違するものあるかを嘆ぜしむ。

（「都会の半面」）

住民の稼業は日雇い人足、所属がない「もうろう」人力車夫、荷車引き、土方、屑拾いなど、「世界あらゆる稼業は鮫河橋萬年町新網の三カ所に集まれり」と表現するほかはないほど、種々雑多だが、彼らが貧民窟に集まり、脱出できない理由はほぼ共通している。資本主義社会の性質から、勝者敗者が生じるのは必然だが、その中で敗者の行方が問題になる。

おおまかに見ると、社会は成功した富裕層と普通の教育ルートからそれぞれ志望する職業に就いて生活する一般的住民層、そのような標準路線に乗れなかった貧民層から成る。貧民層から向上意識のある者はそれなりに努力し、機会をつかんで一般住民となる場合もあるが、ほとんどが酒、放蕩、怠惰や自暴自棄、無気力が習性になって向上意識を喪失し、貧民窟に定住する。一旦ここに住みつくと社会から差別され定職にもつけず、ほぼ脱出できない。その原因は生活意識の欠陥とともに、常識的な知識の欠如であると横山は主張する。

貧民は其の生活に缺陷あると共に、智識思想の上に於ても之に等しき程度を以て、寧《むし》ろ其の以上の缺陷を有す。卽ち貧民は經濟上の缺乏者たると共に、思想の上の大缺乏者たり。鮫河橋萬年町の路次に住めるものにして、手紙を書き得るものとは言はじ、僅《わずか》に自己の姓名を記し得るもの幾人あるべきや、余輩は渠等が經濟上の缺乏者たるを憐むと共に、思想の缺乏者たるを憐むこと最も切なりとす。

（「第十三　貧民と教育」）

英子は貧民地域取材の主要対象として、子供たちの教育問題に的をしぼった。「貧乏人の子沢山」といわれる通り、路傍には学校にも行けず、昼間は親について紙屑拾いなどで小銭を稼ぐ子供があふれていた。小学校など、行政の教育制度についていけない貧民地域の教育は、篤志家が教場となる場所を提供し、児童を集めて寺子屋のように習字や読本を教える私塾に依存していた。四谷鮫河橋では、旧幕時代の寺子屋のような塾で、授業料として一日五厘で名前や簡単な手紙を書ける程度まで教えた。このような塾は「五厘寺子屋」と呼ばれた。下谷萬年町では、発起人の私立小学校校長や教員らが学齢児童のために午後七時から一〇時まで開校する「共同夜学」で読本、算術、習字、修身の時間を設けて授業をした。生徒数は大体六〇名前後で、ほとんどが昼間は稼ぎに回っているため、一四、五歳で入学するものも珍しくない。生徒が来やすいように、授業料はあるが特に定めず、三銭から一〇銭程度で任意の金額を納めさせた。これに対して維持費は一ヶ月に四、五円（一〇万円程度）が必要で、発起人十数名が寄付などとともに負担した。子供たちに生きるために必要な基礎的な知識を与えなければ、近い将来、この地域の治安がさらに悪くなる可能性がある。自分たちの街の評判を落とさないために、発起人の呼びかけに住民が協力した結果といえる。組織的な例としては、芝新網でキリスト教会が援助する「愛隣學舎」が尋常小学校、高等小学校に倣った授業内容で黒板や読本を備え、伝道を兼ねて授業をした。

英子はこのような貧民教育の現状を記者として取材し、同時に「婦人問題の研究」など女性社会問題の論説を書いた。

「慈善旅行」に同行

それから一年後の明治三三（一九〇〇）年春に、時事新報社が芝新網、下谷萬年町、それに四谷鮫ヶ橋の貧民窟の子供をあつめて監督者をつけ、かれらが乗ったこともない汽車にのせて風光明媚な鎌倉などを数日間の小旅行をさせる「慈善旅行」を企画、実施した。第一回は男児だけだったが、夏季に行なった第二回目には女児ばかり六〇名が集まった。実際に引率する責任者はメソジスト派キリスト教会の小室篤次牧師が総監督、事務長白井俊一、それに日本基督教婦人矯風会副会頭の潮田千勢子《うしおだちせこ》が主任として事実上のリーダー役をつとめた。

これに五名の教員が付き添ったが、英子は毎日新聞の貧民教育問題担当記者としてこの中に参加した。主催は時事新報社だが、実際の指導はキリスト教会関係者である。当時の社会改良運動の中心がそうであったように、英子も小室牧師、潮田千勢子とともに、記者時代の三年間をクリスチャンとしての立場で活動した。

引率リーダーの潮田千勢子は明治期の社会運動家、著名なキリスト教伝道者である。彼女は天保一五（一八四四）年に信濃飯田藩の藩医の娘として生まれた。英子より二一歳年長である。明治一五年にソーパー宣教師により受洗、夫と死別して五人の子供を育てながら女学校の保母科に入学、卒業して保母の資格を取得した。明治二〇年に聖経女学校に入学、二三年に卒業してバイブルウーマンとなり、婦人伝道者として知られるようになった。英子はデヴィソン宣教師と横浜で讃美歌翻訳にかかわったころ、翻訳所の隣にある聖経女学校で英語を教えた経緯があり、バイブルウーマンの経験や家庭の事情も共通している千勢子とは意気投合して、彼女の補佐役をつとめた。二人は「慈善旅行」のあと、足尾鉱毒事件でともに現地で活動することになる。

明治三三年八月五日、慈善旅行団一行は女児たちの歓声を乗せて新橋駅を出発した。この日に備えて、数日前から小室牧師、潮田千勢子と英子は貧民窟に出張して女児たちを集め、英子が作った「慈善旅行のうた」二編を歌わせて練習した。二編の歌集のひとつは「鉄道唱歌」、もうひとつは「小楠公《しょうなんこう》」の曲譜の替え歌で、いずれも小学校唱歌として全国で歌われているので、メロディはだれでも知っていて、女児たちは歌詞もすぐ覚え込んだ。鉄道唱歌の替え歌歌詞は一七節で、最終節の一行を繰り返して終わる。風景、地名、歴史、名所をもれなく詠み込み、自然に教育効果が得られる、現代の視点からみても、きわめてすぐれた教科書と思える。歌詞の数節を次に示す。「楠公の歌の譜」は全三節を紹介する。

第二回慈善旅行のうた（鐵道唱歌のふし）

（第一節）

汽笛一聲《せい》新橋を　早《は》や我が汽車は出《い》でにけり　朝夕目なれし東京を

はなれて今日は新らしき　田畑の景色や海と山　山につゞける沖のふね

（第二節）

向ふに見ゆる安房《あは》上總《かづさ》　此方《こなた》は品川大森や　川崎鶴見もはやすぎて

神奈川横濱程もなく　早程《はやほど》ヶ谷につきにけり　戸塚をすぐれば大船や

（第三節）

鎌倉横須賀のりかへて　間もなくつきたる此《こ》地こそ　七百餘年のそのむかし

幕府を開ける右大將　賴朝公の遺業《かたみ》なれ　相模の國の南にて

（第一四節）

七里ケ濱の浦づたひ　江の島詣での樂しさよ　よせくる波も面白や

途中に立てるは滿福寺　こゝより義經腰越狀　兄賴朝へと送りけり

（第一七節）

こゝより藤澤「ステーシヨン」　僅《わずか》に一里の距離ぞかし　鎌倉江の島今見たり

都《みやこ》へ歸りて父母《ちちはは》や　兄弟《けいてい》姉妹や朋友へ　談《はな》してきかせんこの旅を

兄弟《けいてい》姉妹や朋友へ　談《はな》してきかせんこの旅を

同じ時の唱歌（楠公の歌の譜）

青葉しげれる鎌倉の　星月園《ほしづきゑん》をさして行《ゆ》く　少《ちい》さき男女の二隊《ふたくみ》は
二回目慈善の旅行なり　汽車や唱歌も珍らしや　見るものきくもの新らしや
傾ぶく軒端《のきば》を家として　乏しき衣食に生ひたちぬ　この世に生れしその日より
辛苦《つらさ》の外《ほか》にはしらざりき　見るさへ初めの汽車の旅　きくさへ初めの鎌倉や
仰げば尊き神の恩　思へば嬉しき同胞《とも》の愛　汚れし衣《ころも》を身に纒《まと》ひ
淋しきくらしをする我も　心は濁らぬ星月《ほしつき》の　光りと磨きて世をてらさん

（「大和なでしこ」『永井ゑい子詩文』上篇）

鎌倉の宿舎は「星月園」という名だったのだろう。第一節では旅行の規模、概容、第二節は参加女児たちの状況、終節では信仰と倫理的希望で結ぶ構成で、冒頭の「青葉しげれる」の導入が全体を歌いやすくしている。女児たちは喜んで汽車の旅中で歌い、星月園での朝の起床時に合掌して歌い、名所旧跡ではその場面を歌うなど、「歌の旅」として彼らの記憶に刻み付けられた。眺めていた一般の人々にも感銘を与えたようで、鉄道唱歌替え歌はのちに「鎌倉付近名所旧跡見物の歌」としてひろく歌われ、『永井ゑい子詩文』上篇「日本時代のゑい子」では次のように評価している。

旅行そのものが大成功だつたと同じく、此《この》慈善旅行の歌も大成功だつた……

英子は新聞記者としての職務とともに、詩歌を教育手段とする教師として活躍した。この旅行後、貧民児童の惨状を訴え、世人の教育援助を呼びかけた詩「貧兒の爲」が、「第二回慈善旅行のうた」とともに『永井ゑい子詩文』上篇「大和なでしこ」に記載されている。

貧兒の爲《ため》

磨かぬ皮膚《はだ》は垢に染《そ》み　梳《けづ》らぬ毛髪《かみ》に臭氣《にほひ》滿つ　明日《あす》の糧食《たくはへ》なき父母に
其日《そのひ》其日と養育《やしな》はれ　着換《きかへ》の衣《ころも》もたぬ身の　汗はきのまゝ乾《ほ》し揚げぬ
生《あ》れし時より二三疊《でふ》に　足らぬ住居《すまゐ》を家として　寒《かん》にも夏にも一枚の
破れ衾《ふすま》を親と子が　此上《こよ》なきものに生《お》ひ立ちぬ
廣き宇宙に行《ゆ》き渡る　物の道理を教ふなる　教育《をしへ》の道も何のその

いろは文字さへ珍しや　漸《やうや》く知るは我名《わがな》のみ　氏《うじ》も記憶《おぼ》えぬ無智無能
文明の世に萬物の　長《ちやう》と生れし甲斐もなや　身は憖《なまじ》ひに人並《ひとなみ》の
五官五能も備はるを

石も磨けば玉となる　まして善悪白糸《しらいと》の　何《いづ》れの色にも染めぬべき
此可憐兒《このかれんじ》の有様を　見れば涙の浮び來て　止《とゞ》めかぬるや同情《とも》の念

嗚呼《ああ》この可憐兒《こら》が行末《ゆくすゑ》を　思へばかくてあるべきか　嬉しき旅行《たび》の忘られぬ
感化は永久《ながく》及ぶとも　四隣不潔や不徳義に　道の光もしらぬひや

親にも増《まさ》るよき友が　心盡《こころづく》しも水の泡　周囲の醜類《もの》の悪風に
開き初《そ》めたる乙女等が　精神《こころ》の華《はな》や散らされん

之《こ》れを思へば世の中の　志士仁人《ししじんじん》よいとほしむ　君が子等《こたち》に引きくらべ
同情《とも》の涙の一滴を　黄金《こがね》の上にそゝぎかけ　貧兒が資金《しろ》となし給へ

教ふる文字は記憶しつ　論《はな》せば理解《わか》る脳力を　備ふるものを其諸能力《そのちから》

發達させて其《その》意志《こころ》　氣高《けだか》きまでに導きて　果《はて》し知られぬ教育の
其《その》一端を開《ひら》け人　まだ我邦《わがくに》に例《ため》しなき　貧兒の校舎設立し
數多《あまた》の貧兒を教《をしへ》育《あ》げ　數多の良民作出《つくり》し　惡てふ道の根本を
萠芽の中《うち》より抜き捨て丶　善てふ道に移し植ゑ　罪に汚《けが》れし世の様を
清き風潮《ながれ》に澄《すま》してしがな

貧児の惨状と絶望的な将来をリアルに描写し、「嬉しき旅」による一時的な知識への喜びもつかの間に、現実の汚濁に流されてゆく子供たちを救うための援助を呼びかける。具体的には、世の人々は資金を、労力を集めて貧児の寄宿舎つき学校を設立・教育し、将来の良識ある国民を養成するべきという。社会問題を超える政治の目標というべき大きなテーマだが、政府はただひたすら欧米化と富国強兵を目指して、弱肉強食社会に傾斜してゆく。

英子は三大貧民窟から取材した貧民の実態を、前記二作と同様、迫真のルポルタージュ詩「貧民のために」として世人の助けを呼びかけた。原詩は「大和なでしこ」に掲載されている。

貧民のために

蟬《せみ》の羽根なす羅裳《うすもの》を　あつしとかこつ貴人《あてびと》よ　見ずや君等《たち》この頃《ごろ》の
金もとくらん炎天に　鐵《かね》なす汗は轉《まろ》び落ち　土を沾《うるほ》す計《ばかり》なり

終日《ひねもす》休息《いこ》ふ暇もなく　夜を日に稼ぎ稼ぎても　なほあき足らぬ衣食住
か弱き妻は後《あと》車押しに　幼き子等は賃仕事　僅《わづか》の金を儲けては
足らぬ衣食を補ふを

九尺二間《けん》になほ足らぬ　家は家内の王國よ　この王國も各自《めいめい》に
一日稼ぎをなさぬ日は　家賃を拂ふことならず　朝の食事を終へぬれば
鍋釜膳器一切を　その日その日の質《しち》として　細くも立つる生計《なりはひ》の
辛《つら》きは貧富のその差引《けぢめ》

夜を日に継ぎて働けど　いとゞ乏《とぼ》しき衣食住　一旦病魔の襲ひ來て
働き出來ぬその時は　衣《き》のみきのまゝ垢《あか》にそむ　衣《きぬ》も直《たゞち》に質《しち》入れて
天にも地にも一枚の　蒲團《ふとん》かづきて日ぐらしや

親子三人四人さへ　衣かせ山かす人も　あらぬ浮世の悲しさよ
身は空蝉《うつせみ》と抜けいでゝ　裸体《はだか》のまゝに蒲團中《なか》　食《くら》はずきずで日の眼さへ
見ねば顔色土の如《ごと》　この世からなる活地《いき》獄

いかに天運拙《つた》なくも　いかなる因果の身かなれど　正直守り夜《よる》を日に
稼ぐも足らぬ細民の　あはれ果《はか》なき有様は　如何なる代《よ》にか如何ならん
人の出《い》で來て助くべき　憐れといふは細民よ　果《はか》なきものは細民よ

島田三郎は横山源之助『日本の下層社会』の序文で、貧富格差の問題を強調している。

（略）自由競争の結果は強者弱者を凌轢《りょうれき》〔蹂躙《じゅうりん》・踏みにじりの意〕するに至らん。（略）貧富懸隔《けんかく》〔かけ離れ〕の結果は憎疾の原因となり、（略）富資分配の問題識者の間に考究せらるゝこと洵《まこと》に故あるなり。（略）

資本主義の本質は、自由競争により必然的に貧富格差が生じる社会制度である。共生の思想で制御しなければ、行き着く果ては富も貧も、ともに「限りなく」という状態が避けられない。現代のアメリカ社会が貧富の超格差で行き詰まりつつある雛型が、明治日本の貧民問題であった。
このあと、英子は毎日新聞が最も切迫した事態として糾弾した「足尾鉱毒事件」で、実地探査とペンによる闘いを始める。

五　記者みどり子、足尾鉱毒被災を糾弾

足尾鉱毒地の視察と連載

毎日新聞に入社以来二年あまりを、英子は編集長木下尚江と、廃娼運動をはじめ婦人問題から貧民の救済や貧児の教育状態を論詰《ろんきつ》して過ごした。しかし現在の薩長藩閥政権では、ジャーナリズムの言論だけでは改善の可能性がないと判断した木下は、社会主義者として政治結社を目指した。明治三一（一八九八）年一一月に、米国イェール大学を卒業して帰国後、労働組合など社会運動を指導している片山潜《せん》、キリスト教ユニテリアン派社会主義者の安部磯雄が提唱し、その後同じく社会主義者で『萬朝報《よろずちょうほう》』記者幸徳秋水、経済学者河上肇《はじめ》、それに木下尚江らがメンバーになり、「社会主義研究会」を創設した。

河上を除く全員がクリスチャンで、明治期の社会運動のほとんどはクリスチャンの力による状況が実感できる。かれらは労働者の団結権、階級制度廃止、普通選挙実施を要求して明治三四年五月二〇日、社会民主党の結党を図ったが、伊藤博文内閣は即日禁止した。

政党結社の芽は政治権力の手でたちまち摘まれてしまったが、新聞や演説会を中心として足尾鉱毒紛糾の即時救済を叫ぶ声は、政府も簡単には鎮圧できない。

毎日新聞の取材方針も足尾鉱毒問題が中心となり、英子はこれまでの女性解放運動や貧民救済運動から足尾鉱毒地救済に軸足を移し、この問題に力を注いでいた女子教育家で社会改良家矢島楫子《かじこ》が創

立した日本基督教婦人矯風会に参加した。

会頭の矢島楫子は肥後藩士の娘で天保四（一八三三）年生まれ、キリスト教に入信し、明治一九（一八八六）年創設の東京婦人矯風会（のち日本基督教婦人矯風会）の初代会頭として、婦人参政運動、禁酒運動、廃娼運動で貢献した。副会頭はバイブルウーマン出身の社会改良家潮田千勢子で、英子の参加も潮田のすすめであろう。

この年、明治三四（一九〇一）年一一月一六日、矢島楫子、潮田千勢子、島田信子、朽木よし子と、毎日新聞記者松本英子ら矯風会メンバー一行五人は上野駅発の列車で鉱害地帯の激甚地最寄り駅の古河《こが》へ向かった。駅には鉱毒災害救済の指導者田中正造の同志で、群馬県邑楽《おうら》郡海老瀬《えびせ》村の松本英一が出迎えた。松本はのちに海老瀬村の村長を務め、新田開発や治水に尽力した、この地域の名士である。一行はとりあえず松本宅で災害地域の概容の説明を聞き、それから彼の案内で海老瀬村と、隣接する栃木県下都賀《しもつが》郡谷中村の被害状況を見て回った。実際に自分の目で見た鉱毒被災地の惨状は、噂として伝え聞く姿をはるかに超える、想像を絶するすさまじい状態だった。驚いた一行の女性たちは、とりあえずその夜は松本宅に泊まり、翌日、古河駅から上野への車中で、帰京するとすぐやるべき仕事の分担をきめた。英子は『鉱毒地の惨状』と題する連載記事の執筆を担当し、「みどり子」のペンネームで毎日新聞第三面のトップに一一月二二日から連載を開始した。

大阪府立中央図書館所蔵の毎日新聞復刻版第一二二巻から、連載記事の一部を示す（原文の漢字は常用漢字、かなは現代かなづかいに改め、句読点を加えた。〔 〕は筆者注）。

鉱毒地の惨状（一）　みどり子　明治三四年一一月二二日　毎日新聞

世に不思議なものは鉱毒問題である。世に憐れなものは被害地人民である。此《この》問題が初めて議会に提出され公問題となって、すでに幾多の歳月を経過しているにも拘わらず、或は新紙に演説に又は書物として其《その》実況を描き、与論に訴えつつある有志者のあるにも拘わらず、未だ十分に世人の注目を切迫せる此点に促すにいたらずしている。さればとて被害民に同情をよせて此問題を説きつつある人々に対し、何の反対の声も聞ないで、只此問題を暗々裏に付し去られ来ったのは何の故であろう。実に不思議の感が起ってくるのである。

此頃、被害地実況を視に行かれた人々も大分出来た為か、この事は与論を動かしかかって来たのである。再三彼地《かのち》を実視され又此頃其近状を実視して来られた某有志者の言に、実に彼地の有様はききしに増さる惨状であるという事で、其被害民の中には、此冬はとてもこされぬであろうと云う様な悲惨極まる状況であると伝え聞いて、有志婦人たちの五六人は相語らいてかの地を実視し、またその被害民の一部を訪問することにしたが、我も其中の一人である。

新聞でも読み演説でも聴き書物でも視たのであるが、我等が予想に百倍した惨状で、とても筆や口では尽くされぬ。只《ただ》読者諸婦に一日《じつ》の閑《かん》を割いて、上野発古河《こが》着の一番汽車で日帰りにでも行って実見し給えよと勧むるのみである。

日本帝都を距《さ》る僅に二十里〔約七八・六キロメートル〕計《ばかり》、二時間少し余の短い旅で来られる利根川上流渡良瀬《わたらせ》沿岸の地、しかも近々十数年前までは実に綺麗な立派な渡良瀬川に沿うた地は沃《よく》野《や》千里ともいわるる豊饒な地であったのが、今は満目《まんもく》蕭条《しょうじょう》たる葭谷《よしや》と変じ、昔は土に自然の肥

毎日新聞記者時代の英子

料があり余ってある物は収獲《と》れなかった位の地が、いまは桑を植えても其桑が枯れてしまい、葭をうえても仕まいには女《め》よしがはびこってきて役にたたぬという様な、桑田変じて海となる大昔なら兎《と》に角《かく》、僅に二十年昔の沃野は鉱毒の沼地となり、只そよそよと吹くよしの葉風がいかにも物淋しげな有様は何にたとえたら宜《よ》かろうか。……

鉱毒地と住民の状況を克明に描写するだけでなく、そのようになった状態で放置されているのはなぜか、事態の根底にあるものを糾弾する記者みどり子の筆鋒は、まもなく当局の要注意目標となる。

最初の鉱毒地調査から帰京して一二日目の一一月二九日夕刻、婦人有志グループは神田青年会館で被害民救済の組織を結成する演説会を開催した。彼女らは参加した一般市民に「鉱毒地救済婦人会」の設立と協力を求め、その場で発会がきまった。鉱毒被災地を視察した矢島楫子ら五人に日本基督教婦人矯風会の会員四人を加えた九人が発起人となり、会頭に潮田千勢子を推挙して、仮事務所を京橋区の銀座会館内に置いた。鉱毒地窮民の緊急救助が、会の事業目的である。活動を支える収入は有志の義捐金や援助物品によるとし、時をおかず行動した。

翌年一月一七日、結成から四八日後の鉱毒地救済婦人会は、『貴（貴族院）衆（衆議院）両院議員諸君に檄す』と題する激しい檄文を議員に配布し、毎日新聞にも掲載したと、江刺昭子著『女のくせに草分けの女性新聞記者《ジャーナリスト》たち』「鉱毒と闘った松本英子」に記述されている。毎日新聞一月一七日号から一九日号までの三日間は『鉱毒地の惨状』は掲載がなく、檄文は議員に配布した同日、明治三五年一月一七日号に掲載されたと推定する。同書からその檄文と解説箇所を引用する。

『足尾鉱毒問題の声は今や天下を動かせり』という書き出しに始まり、『嗚呼《ああ》此問題たる渡良瀬沿岸四県三十万の人民過去廿年の歳月之が為に慟《どう》し之が為に哭《こく》するも世は之れを不視不問に付し去れり嗚呼之れ何等の大罪ぞや啻《ただ》に一個人一政府の大罪たるのみならず又社会の罪と云わずして何ぞ社会の腐敗と云わずして何ぞ社会堕落の極点と云わずして何ぞ……』と政府と社会の罪を糾弾し、最後に被害地の救済を訴えているこの檄文は、英子の筆によるもので、格調が高い。

（江刺昭子『女のくせに　草分けの女性新聞記者《ジャーナリスト》たち』）

それから一五日後の明治三五（一九〇二）年二月一日の早朝、会頭潮田千勢子をはじめ、英子ら救済婦人会の一行は、全国への呼びかけに応じて集まった義捐金や食糧、衣類などを携え、上野駅を出発して被災地最寄りの古河駅に降り立った。改札口には、松本英一と並んで、魁偉な容貌の老人が嬉しそうに笑顔で出迎えた。この人物こそ、義人と語り伝えられた田中正造であった。

鉱毒問題と内村鑑三

田中正造は明治二三年から衆議院議員だったが、議会では一貫して鉱毒問題と政府の態度を追及し、動かない政府との言論闘争を断念して明治三四年に議員を辞職、その直後の一二月一〇日に、名文家幸徳秋水執筆の『謹奏表』を捧げて第一六帝国議会開院式から帰還する明治天皇の馬車に直訴を決行した。

「お願いでございます、お願いでございます！」

田中正造

決死の形相で駆け寄る田中は護衛兵に組み止められ、捧げた『謹奏表』はもぎ取られて天皇の手には渡らなかったが、当然、こうなることは田中自身も予想していたであろう。彼の真の狙い通り、直訴事件そのものは当時幸徳秋水が主筆だった萬朝報をはじめ、英子が勤務する毎日新聞など主要各紙のトップに報道され、社会の関心を足尾鉱毒に集中させる効果をもたらした。政府の意図に反し、世間は直訴の噂で持ち切りになった。

直訴事件を目立たぬよう卑小化せよという政府の指示を受けた警察によって、「狂人」として麹町警察署に一晩拘留されただけで放免された田中は、その後も足尾鉱毒のために闘い続け、いまなお雪の中を救済婦人会一行への説明役として被災地を歩いている。

松本が曳いてきた大八車と呼ばれる二輪の運搬車に、婦人会一行が手荷物として携帯してきた衣類や食糧が積み上げられた。あいにく、この日は大雪で、女性たちは前部の梶棒につかまって曳く者、車の後部から押す者、両側から荷を支えて押す者が、それぞれ声を掛け合って、降りしきる雪のなか、積雪の道を松本宅にたどりついた。

休憩もそこそこに、田中正造と松本英一が先導して一行は慰問できる範囲の被害民の家を訪れた。被災民はいずれもこの先、生活の手立てはなく、目前の生活物資にも窮していたので、慰問として贈られた食材や衣料に涙を流して感謝した。絶望のなかで、まだ見捨てられていない、援けてくれる人々がいるという意識にかられ、かれらは声を上げて喜んだ。

治療を放置したままの病人も多く、救済婦人会はこの日、東京から看護婦を連れてきて、松本英一宅の一部を施療院として手当をした。

このような救援は小規模組織による慰問行為にすぎず根本的な解決にはならない、かえって有害であると、立場はキリスト教側ではあったが内村鑑三は反対した。その理由はあとに示す同年四月二八日に内村から英子に宛てた返書にやや抽象的ながら記述されている。

前年の明治三四年四月二一日、足利のキリスト教社会団体「友愛義団」の招きで巌本善治、木下尚江とともに足利を訪れた内村は、「社会改良の両面」と題して講演し、翌二二日に木下と足尾銅山鉱毒被害地を視察した。その感想を、彼は四月二五日から三〇日にかけて『鉱毒地巡遊記』と題して『萬朝報』に連載し、五月二一日に結成された「鉱毒調査有志会」のメンバーになった。夏に発足した角筈《つのはず》聖書研究会の講演などで多忙だった内村は、秋になると猛然と足尾鉱毒問題に立ち向かった。一一月一日には東京基督教青年会館で開催された「足尾鉱毒演説会」で安部磯雄、巌本善治、木下尚

内村鑑三
（『萬朝報』英文欄主筆時代）

江、島田三郎とともに講演し、二九日には足尾銅山鉱毒被災地を訪ねる。翌月一二月一二日はやはり東京基督教青年会館での足尾鉱毒演説会で巌本善治、黒岩周六（涙香）、幸徳傳次郎（秋水）、佐治實然、三宅雄二郎（雪嶺）らと講演した。黒岩は土佐（高知県）出身のジャーナリストで、新聞『萬朝報』を創刊し、明治三〇年一月に三七歳の内村を招いて英文欄主筆に就かせた。彼は新聞社経営者以上にフランス文学の翻訳者として知られ、ヴィクトール・ユゴーの『レ・ミゼラブル』を『噫《ああ》無情』、アレクサンドル・デュマの『モンテ・クリスト伯爵』を『巌窟《がんくつ》王』と題した翻訳は今なお有名である。幸徳は萬朝報の記者で田中正造が敢行した明治天皇への直訴状『謹奏表』の執筆者として知られる名文家だが、日露戦争に反対し、後年、無政府主義者となり大逆事件の首謀者として処刑された。これら歴史的人物が一堂に会しての講演は壮観だったろう。

しかし明治一二年に鉱毒の被害が訴えられて以来、二〇年以上を経過している。原因、状況、なすべき解決策は政府と財閥が結びついた体制側、ジャーナリズムを中心とする反鉱毒側の双方とも越えがたい認識の違いがある。それは窮極的に誰にも逆らえない不可触の岩盤、すなわち富国強兵のためには、犠牲は顧みない国策であった。

翌明治三五年、間近に迫った対ロシア開戦に備えて日英同盟協約が締結された。国家は国民に滅私奉公の献身を強要し、被災地の住民を、国策を妨げる厄介者とみなした。

六　新天地アメリカへ単身渡航

強まる言論への弾圧

連載ルポルタージュは、一日の休みを挟んで四日前後連続して毎日新聞紙面に挿絵入りで掲載され、掲載回数は五九回に及んだ。その内容は、まだ近々二〇年ほど前のこの地の豊饒な田畑、安定した生活、平和な家庭が、今は見渡す限りの葭《よし》原、飢餓に震える日々、家庭は病苦と生活苦で離散する家族の泣き叫ぶ姿と化したこと、そしてあばら家に身を寄せ合って暮らす住民から、方言そのままの聞き書き問答を伝える迫真の表現が読者を引き込んだ。英子は貧民の状況と同様に鉱毒地の惨状を七五調の新体詩形で描写している。

永井元編『永井ゐい子詩文』から「大和なでしこ」に掲載された「足尾の毒流」の全文を示す。全体の大半は被災地と被災住民の惨状を告発し、後半部から結びは広く社会の緊急援助を求める構成である。紙面の制約もあり、新聞には掲載していない。

足尾の毒流

田野《でんや》は荒れて一面の　砂漠と變はる間田《あはだ》の里
滿目蕭條《せうでう》枯蘆の　野中に殘る屋敷跡
住みにし人も今は何處《いづこ》　殘るは小さき社《ほこら》のみ
民の竈《かまど》も賑はひし　昔の様を思ひ川
只《ただ》見るものは葭《よし》の葉に　秋風わたる川 堤《づゝみ》
つゝむに餘《あま》る毒流は　幾十萬の同胞が
生命《いのち》の糧《かて》を奪い去り　草木も今は根をたちて
田には收穫《かりと》る穀《こく》もなく　河には漁《あさ》る魚《うを》もゐず
邑樂《おうら》の郡名《ごほりな》のみにて　樂しと歌ふ民もなし
夫は歎《なげ》きに氣も狂《きやう》し　妻はふところの乳吞子《ちのみご》に
ふくむる乳房乳出でず　足尾吹きくる夜半《よは》の風
赤間の沼の村時雨《しぐれ》　思ひは深き渡良瀬の
岸邊に添へる此民《このたみ》が　飢ゑに凍《こごえ》に迫りつゝ
豊饒《ゆた》けき昔をくりかへし　嘆《かこ》つ涙に咽《むせ》ぶなる
逆流悲憤の矢田の川　堰止めかぬる妻が身の
胸は早川《さがわ》と迸《ほとばし》る　血しほの涙飮みつゝも

語るをきけば海老瀬てふ　名さへ愛《めで》たき大御代《おほみよ》の
同じ民《たみ》にてありながら　足尾の毒流出《い》でしより
川邊《かわべ》にそへる蒼生《たみぐさ》が　昔沃土《よくど》は被害地の
いともかなしき不毛の土《ど》　肥料に金《かね》も消失《きえう》せて
今は住むべき家もなく　借れる黄金《こがね》の質《しち》ぞとて
はぐくまれたるわこはゐず　頃も霜月の寒空に
着るは垢《あか》じむ單物《ひとへもの》　涙に袖やくちぬらん
聲《こゑ》も枯れゆく末野《すゑの》には　塒《ねぐら》もとむる鳥も見ず
千草《ちぐさ》生《お》ひせぬこの里は　蟲《むし》の音《ね》しれる子等もなし
かれかゝりたる桑の畑《はた》　葭《あし》穂波打つ堤外地《てんぐわいち》
昔は澄みし河水《かはみづ》の　流れに晒す白布《しろぬの》も
黑き色には出《い》づれども　外《ほか》の色には染まらじと
わけてあはれは幾十年　艱難辛苦のこの民が
智恵も氣力も毒流に　沈み果てたるその狀《さま》よ
嗚呼天の道是《ぜ》か非《ひ》かと　無告の民は叫泣し
義人は斷腸の苦《くるし》みに　叫べど天は聲もなし
叫べど人は耳を蔽《おほ》ふ　雪霜ふらばこの民は
凍へてや死なん飢ゑてや死なん

嗚呼あはれ〳〵無告の民　三十萬の同胞が
歎きの淵《ふち》よくむ人も　あらぬかしれる人もなきか

死に垂《なん》々たる蒼生《たみぐさ》が　同情《なさけ》をふして拜むなり
飽食暖衣の同胞よ　わかてよ一度の肉の物
割けよ一杯のその飲料

充《み》つれば缺《か》くる習はしを　ふかく思ひてこの民が
肉に精神《こころ》に一片の　同胞《とも》の救助《たすけ》を配《わか》たずや

慈愛に富める萬能《ばんのう》の　神よ御手《みて》もて枯れはてし
人民《たみ》の草葉をうるほして　舊時《むかし》の樣《さま》にし給《たま》へや

墓なき民をおもひつゝ　あはれ身にしむ秋の夕
涙に袖をそぼちつゝ　利根川堤《づゝみ》さしくれば
家路を辿る里人が　己が樣なる枯あしを

脊負《せお》ひてかへる道すがら　語る聲さへあはれなり
語る聲さへ寒げなり

『鉱毒地の惨状』の連載は翌明治三五年、三月二三日号に第五九回をもって、未完の状態で終了している。その理由は、いうまでもなく警察当局の弾圧である。毎日新聞のこのルポルタージュが他紙を刺激し、萬朝報、東京朝日、時事新報、二六新報などの主要新聞が揃って「反鉱毒」の立場に立った論説を掲載した。これらの記事や論説の影響で、被災民援助活動も増加している状況が当局をいらだたせた。とりわけ、一月に掲載された鉱毒地救済婦人会の檄文は政府にも衝撃となった。

「騒擾の元凶は、毎日新聞と救済婦人会じゃ」

かねてから毎日新聞に目をつけていた警察当局は、この際、個人攻撃など法的に処罰しやすい社説を中心に反鉱毒分子の一掃を図った。『鉱毒地の惨状』などの目障りな「ルポ」も同時に消してしまうもくろみである。三月中旬すぎ、当局は、鉱毒に対する茨城県知事溝部惟幾《みぞべいいく》、農商務省鉱山局長田中隆三の姿勢を批判論難した毎日新聞一月八日号、一月二四日号、それに二月五日号の各社説を「新聞条例違反」「官吏侮辱罪」「社会秩序攪乱罪」の容疑で編集長、執筆記者を京橋警察署に召喚した。潮田千勢子と英子も檄文や新聞記事の執筆が社会秩序を攪乱する行為として召喚された。国家権力の権化のような取調官は最初から居丈高に怒声を張り上げ、一方的に救済婦人会の責任者潮田千勢子や檄文の筆者みどり子である英子を罵倒した。

「帝国は寸土といえども、聖上《かみ》（天皇）御一人の大権のもとにあるのじゃ。国策に逆らう言説を弄し、畏れ多くも大御心《おおみごころ》に弓引く気か！」

英子自身は幼少から父の勤王教育により皇室を尊崇し、大御心は常に民を憐れむという意識を和歌にも詠んでいる。しかし天皇の大権を錦の御旗として召喚人を国賊扱いする取調官に抗弁すれば、官吏侮辱罪など意のままに罪状を累積されるので、勝負はすでにきまっている。英子は係官から『鉱毒地の惨状』の連載中止を命じられ、屈辱と憤激をこらえて調書に署名拇印し、ようやく解放された。

しかし重要なテーマの執筆を禁じられた状態では、もう記者を続けることはできない。人間が生き、思考し、表現する自由のすべてが国家権力で閉塞されヒューマニズムを失った祖国で、彼女は今後も生きてゆく気持ちを失った。警察に呼び出された婦人記者という噂が周辺に広がり、関わり合いを恐れて遠ざかる友人、知人たちの後ろ姿に、英子の孤独感は深まってゆく。

彼女は無教会キリスト教の指導者として足尾鉱毒問題に取り組んでいる内村鑑三に現在の苦境を訴え、これからの生きる方針について意見を求める手紙を送った。書簡の本文は残っていないが、内容はつぎの内村からの返書で推察できる。

宛先は英子が住んでいた借家で毎日新聞にも近い東京市京橋区南新堀二ノ一、宛名は松本栄（英）子（様）に貴酬（返信）と脇付けした封書で、発信は東京四谷角筈一〇一番地　聖書研究社、発信人は内村鑑三である。

拝啓、御書正に拝読、久しく御面会を得ず候処、ご壮健の由大慶此事に御座候、
扨《さて》御申越の件に就ては小生も薄々伝聞 仕《つかまつ》り、如何《いかが》の事にやと心窃《ひそか》に苦慮致し居り候、然《しか》れど

も只一方より聞えし事なれば能《よ》く其《その》真相を知る能《あた》はず、故に謹んで之を心に秘し、一切之を口外には出し不申《まうさず》候、それと申すも一《ひとつに》は滅亡に瀕し居る日本の社会の事なれば何《な》にか同胞の非事あれかしと附け狙ふ折りなれば、些少の瑕瑾《かきん》も直《ただち》に大失策のやうに風聴《ふうちゃう》され候故に存《ぞんじ》候、御互に斯《か》かる腐敗極まる社会に棲息するには充分の注意を要することゝ存候、

又鉱毒運動の今日まで取り来りし方針の如何にも皮層的にして、斯かる方法を以て此大問題の到底解決せられざるべきは最も明白なる事と存候、小生は輿論を起すと称して只僅かに浅薄なる社会の感情にのみ訴へ来りし今日までの方法の寧ろ害有て益なきを信ずる者に御座候、小生は斯かる場合に於ける我等の取るべき途は明白に聖書に示しあることゝ存候、幸に貴姉に於ても、今回の御困難を機会として此問題の解決に関する神の聖旨の何処にあるを了せられ、貴姉の筆と熱心とを其方面に御向けに相成り候はゞ神は必ず再び貴姉を恵み、貴姉を目下の困難より救ひ出し給ふのみならず、貴姉の終りをして始めよりも更に幸福ならしめ給はんと確かに信じ申候、

斯くブッツケに申上《もうしあげ》候は甚だ無礼のやうに相見得ヱ候やも知れ不申《まうさず》ヱ共、キリストに在て貴姉を敬するより申上候間不悪《あしからず》御承了被下《くだされ》たく候、

小生は貴姉よりご訪問を受けたく存候、午前は大抵在宅仕《いたし》候

右は御返詞までに申上たく　早々

四月廿八日

内村鑑三

（『内村鑑三全集　第三六巻　書簡一』岩波書店）

「滅亡に瀕し居る日本の社会のことなれば」という思想は、内村だけでなく、同時代の心ある知識人に共通する時代認識だった。

夏目漱石は小説『三四郎』で、熊本の高等学校（第五高等学校）を卒業して東京帝国大学に入学するため上京する三四郎が車中で交わした乗客との対話で、次のように書いている。

日本では富士山以外に自慢するものはないという知識人らしい乗客に三四郎が、

「然《しか》しこれからは日本も段々発展するでしょう」

と日本の将来について弁護すると、

「滅びるね」

と、その乗客に平然と言わせている。視界を固定され、批判を禁じられた硬直した社会が早晩、劣化し崩壊する結末を、鑑三や漱石は確実な近未来として推測していた。

「斯かる場合に於ける我等の取るべき途は明白に聖書に示しあること、存候」とは、具体的に何をさすのか明確にはわからないが、続く文面から新聞記者のように体制批判を要する職務ではなく、翻訳あるいは創作など、当局の風当たりが比較的少ない職種について目的に向かえと勧めているようにも思える。しかし貧民窟や足尾鉱毒の修羅場を経験した身としては、実現できない正義や神のことばへの己れの無力を痛感しただろう。内村の要請にもかかわらず、英子はすでに今後の方針をアメリカ渡航と定めていたらしく、書簡への礼状は送ったと思われるが訪問の記録はない。このあとは、自分できめた方針の実行に集中した。

生きる道を求めてアメリカへ

職場の毎日新聞で社長の島田三郎や編集長の木下尚江に退職の意志を告げ、かれらの後援もあって四月に『鉱毒地の惨状』が数人の同志の論説を加えて松本英子編（執筆：松本英子、島田信子、潮田千勢子、井上与十庵）として一冊の本にまとめられ、東京市京橋区銀座四丁目の教文館から出版された。これが日本を離れる前に英子の名をとどめた最後の仕事となった。明治七年に津田仙が設立したミッションスクール救世学校に八歳で入学し、米人宣教師から英語をはじめ西欧式の生活を学んだ英子は、日米の生活習慣については特に違和感はない。それどころか、公費留学する津田梅子を横浜の埠頭で見送って、いつか自分も留学する機会をつかんでみせると心に誓っていた。しかし留学は目的地やなすべき行動が定まっているが、このたびの英子の場合は、アメリカ到着からどこに行ってなにをするべきか、手がかりは何もなかった。ただ「日本では、生きる道はない」という状況が選択させたアメリカ渡航なので、すべてはゼロから出発しなければならない。ただ「神と共にあると信じる恐れない心」が、彼女に与えられた唯一の推進力であった。

事情を知った人々から多額の餞別が贈られ、自分の貯えを合わせると余裕のある旅費もできた。青山学院の本多庸一《ほんだよういつ》学院長はじめ、米人宣教師など宗教界や教育界から渡航後の足掛かりとなる紹介状も寄せられた。しかしあとで述べるように、英子はアメリカで大怪我をして窮地に陥ったときも、そのどこにも訪れず、天性の活力で危機を切り抜けてゆく。

渡航準備も終わって、彼女は七八歳の母なほに別れを告げるため、故郷の千葉木更津の茅野に最後の帰省をした。事情を聴かされたなほは涙も見せず、遠くをみるように語った。

「お前はお父さんと私が一生懸命神詣でをして生まれたので、まわりの人たちは、ゑい坊は神の申し子だと言い合ったものだ。ほんとうに、お前は不思議な子だった。そのときから、私はいつかお前とは互いに無事に生きてきたとしても、やがてそれぞれ別の世界へと別れることになるだろうという予感があった。津田の梅子さんがアメリカ留学で立派になられたので、梅子さんに劣らず随分勉強したお前も、多分同じことを考えたであろう。あの時とこのたびの事情は違うだろうが、やはり別れの時が来たのだ」

母は一点を見つめ、そして気を取り直したように、いつも締めている絹の腰帯をほどき、英子の手に握らせた。

「持ってお行き、寒い時に締めるといいよ。私はいつもお前と一緒にいるよ」

そして短冊に一首の和歌を毛筆ですらすらとしたため、送別の歌として贈った。

　ひと筋に思ひ立ちたる旅なれば
　　八重の潮路も神や守らん

その夜、二人は身を寄せ合い、語り明かした。

翌朝、英子は母とともに、没後七年を経た父貞樹の墓に詣で、苔むした松本翁寿蔵碑を拝した。別れ際に、母は娘に張りのある声で言葉をかけた。

「英子、行きなさい。私のことは心配しなくていい。身体に気をつけるんだよ」

それから数日後、明治三五年一〇月一一日に、英子は横浜埠頭から日本郵船の龍神丸に乗船し、再び見ることはない祖国を後にした。そして北太平洋を東へ航行、アメリカ合衆国西北部に位置する、ワシントン州のシアトルに向かった。

第三章　アメリカ社会での奮闘

一　シカゴで事故禍

ついにシアトルに上陸

明治三五（一九〇二）年当時の日本郵船のシアトル便であった龍神丸は香港が始発で、上海、門司、神戸、名古屋（四日市港）、横浜と、中国、日本の主要都市港に寄港してから、北緯四七度ラインに沿って北太平洋を東に横断した。北米大陸沿岸では、カナダとアメリカの国境になるファンデフーカ海峡のカナダ側、バンクーバー島の東南部に位置する州都ビクトリアに寄港し、翌日、海峡の奥に広がるピュージェット湾の複雑な支湾の奥にある終着港シアトルに到着する。船内は揺れに加えて壁や天井、パイプなどの鉄部に塗装されたペンキのにおい、機関室のボイラーで燃焼して煙突から吹き散る石炭の煙のにおい、それに厨房から漂う煮物のにおいが混ざり合って独特の「船のにおい」を醸し出し、単調に響く機関の振動と舷側の波音が加わって、横浜から最初の二、三日は、英子は初めて経験する船酔いに襲われた。彼女はその都度デッキに出て、雲や水平線など遠くのものを眺めてこみあげてくる吐き気をまぎらわせたが、しだいに環境に慣れて船酔いも感じなくなり、同室の女性客と言葉を交わすなど、孤独感に陥らないようにつとめた。

乗客には米国で一旗揚げようという移民が多かった。当時一〇年毎に発行された合衆国国勢調査の数字を比較すると、英子が渡航した一九〇二年ごろは、日本人移民が急激に増加しつつある時期であることがわかる。

一八八〇年（明治一三年）	一四八
一八九〇年（明治二三年）	二、〇三九
一九〇〇年（明治三三年）	二四、三二六
一九一〇年（明治四三年）	七二、一五七

（今野敏彦他編著『移民史』新泉社）

教育が普及したこともあって、初期の移民のような単純労働者ばかりではなく専門技術者や事業経営者が多くなり、船客の中には閉塞された日本の社会から新世界アメリカにより大きな活動の地を求めると語る人もいて、英子も同じ経験者として、かれらの話に共感した。三週間弱の航海で、龍神丸は一〇月の末にシアトルに到着した。この地の緯度は四七度五分前後で、日本近海と比較すると、北海道の北方、サハリン島中央部とほぼ同緯度だが、海流の影響でサハリンほど寒冷ではない。シアトルはアメリカ北西部太平洋岸では最大の都市だが、直接太平洋に面しているのではなく、長大なファンデフーカ海峡の奥に広がるピュージェット湾の支湾になるエリオット湾岸にシアトル港がある。

初めて異郷の地を踏んだ英子は、馬車で市街地パイオニア・スクエアに出て、駁者《ぎょしゃ》が勧めるコロニアル風の二階建てのホテルに投宿した。家庭的な落ち着いた雰囲気で、マスター夫妻や食堂でよく会う宿泊客ともなじみになり、気に入った彼女は結局、三ヶ月ちかく滞在することになる。季節は初冬に入り、繁華街では早くもクリスマス・セールが始まっている。

プロテスタントやカトリックなど諸教派の違いはあるが、キリスト教としてまとまっているので、日本で見るクリスマスとは比較にならないにぎやかさだった。ホテルの食堂だけでなく、市街のレストランでの食事、カフェで紅茶を楽しむ機会を積極的につくったので、言葉を交す顔なじみも増え、あらためてこのアメリカ西海岸の港町の雰囲気を味わう気持ちになった。見知らぬ人とすぐ打ち解けて談話ができる能力は、こののちの彼女の前途を大いに助けることになる。すでに述べたように、横浜時代の讃美歌翻訳作業を回顧した老デヴィソンは、当時の英子を偲んで、彼女の対話力の才能を予見したような述懐をしている。

「おゑいさんは……実に才気渙発、見るからに快い娘さんでした」

談話から快い雰囲気を醸し出す、英子はそのような天性の美徳をもっていたのだろう。

年末年始はどこへ行ってもお互いに予定もあるだろうし、自分も特に急ぐ旅でもないので、彼女はしばらくシアトルに滞在して、これから生きてゆくアメリカ社会と、そこに生活するさまざまな人々と接し、アメリカ人の考え方や、そこで自分が生きてゆく道を探ろうと思った。クリスマスの日曜礼拝には、彼女はメソジスト派の教会で「主の祈り」を唱和し、海岸女学校時代の昔に戻ったように聖歌を歌った。デヴィソンと讃美歌の翻訳作業に集中した横浜での日々が脳裏によみがえり、パイプオルガンの響きに涙がこみあげた。

あのころから、もう二〇年が過ぎた。遥かな昔のようでもあり、つかの間のできごとのようにも感じるが、思えばなんとさまざまな出会いと別れの中に生きてきたことだろう。

「時々刻々の変化をするもの、それが『生』だ」

と考えれば、いま、わたしは過去のすべてと別れ、生の衝動に促されて、自分にも予測がつかない新たな変化をしようとしているのだ……。

シアトルは木材の集散地として知られ、西部開拓時代のエネルギーを感じさせる新興都市である。一三年前に準州から州に昇格したばかりのワシントン州の中心的な都市だが、ようやく九年前の一八九三年に待望の鉄道が開通したところだった。五大湖から東海岸の先進的な大都市に至る大陸間横断鉄道は何度か計画されては挫折したが、ようやくミネソタ州を流域としてメキシコ湾まで流れる大河、ミシシッピ河の東岸に位置するセントポール市を始発、シアトルを終着とする、総延長二七三六キロメートルのグレート・ノーザン鉄道が開通した。製粉や食品加工が盛んなセントポール市からミシシッピ河をはさんだ対岸には、同じく食品産業で知られるミネアポリス市がある。この豊かな農産物地帯を後にして、列車は広漠とした砂漠地帯をひたすら西へと進み、カナダ国境に接するノースダコタ州、モンタナ州の山地を越えて、ようやく太平洋側のワシントン州シアトルに至る。

ただし、終着駅としての本格的なシアトル駅舎は、英子が滞在した時期より三年後の一九〇六年に完成した。鉄道は木材を輸送する貨物列車に客車を連結する、貨物輸送を主とする営業形態だった。形はどうであっても、セントポールを乗換え駅として、シアトルはニューヨークなど東海岸の大都市と、事実上のアメリカ大陸横断鉄道で結ばれるようになったのである。鉄道敷設工事には大勢の中国人労働者が働いたが、工事が完了すると余剰労働力となって白人労働者の仕事を奪うなりゆきになり、カリフォルニア州では中国人排斥法が施行された。英子が渡航した一九〇二年には、合衆国として「中国人移民禁止法」が制定され、中国人に続いて、顕著に増加する日本人の排斥運動も動き始めているという噂が流れていた。前年(一九〇一年)九月にマッキンレー大統領が暗殺され、副大統領のセオドア・ルーズベルトが第二六代大統領に就任して一年あまり過ぎたところである。多民族移民国で、利害関係が複雑、しかも銃を日常的に持つことに違和感がないアメリカ社会では、リンカーンをはじめ多くの大統領が暗殺されている。権限が大きいだけに、極めて危険な職位でもあった。ルーズベルト大統領は、このあと、パナマ運河建設に着手するとともに、日露戦争終結のポーツマス条約に至る仲介の労をとったことで、三年後の一九〇六年にノーベル平和賞を受賞、歴史に特記される大統領になる。英子はまわりの人々とカフェでの雑談や新聞からの知識で、同時代の見聞として、この広大な国の光と闇を肌で感じた。

シカゴの新聞に掲載された日本人論

年が明けて一九〇三年一月の末、彼女は仮設のシアトル駅からグレート・ノーザン鉄道でセントポールに向かった。ワシントン州からモンタナ州に入ると、峻険な山地になる。その中心はアラスカからカナダを縦断してアメリカ合衆国西部を南へ延び、メキシコ中部に達する北米大陸の背骨、ロッキー山脈である。四千メートル級の高峰が並び、大陸間横断鉄道とその乗客にとって、「ロッキー越え」は最大の難所であった。雪に覆われた峠を列車は蛇行を繰り返して上下し、ようやく山脈地帯を超えた。

旅程の半分以上を過ぎ、ノースダコタ州の東部まで来るとほぼ平地になり、五大湖まで一望千里の平野が続く。ミネアポリスを経由し、ミシシッピ河を超えると、長途の旅を終えた列車は、誇らしげに汽笛を鳴らして終着駅セントポールに到着した。

引き続いて東部の諸都市に向かう乗客と同様に、英子もとりあえずホテルに入り、温かい湯でシャワーを浴び、久しぶりの「部屋のベッド」での眠りで、旅の疲れを癒した。

翌日、彼女は東部行きの列車に乗り、シカゴに向かった。シカゴ市は五大湖の一つ、ミシガン湖の南端湖畔に位置するイリノイ州の中心都市で、合衆国でも有数の大都会である。半世紀前の一八五二年に、大西洋岸の大都市から鉄道が開通して交通の要衝となった。一月末の午後、シカゴに到着した英子は、トランクを提げ駅から通りを横断しようとした時、吹雪の中を疾走してきた馬車と接触し、右足の小指を轢かれて昏倒、気絶状態で病院に運び込まれた。激しい痛みが続き、医師は完治までかなりの日数がかかるという。外国での入院で知人もなく、これから自由に動けるだろうかという心配で当初は気持ちが落ち込んだが、治療の結果、傷の範囲は小指で収まり、ギプス包帯が外され痛みが引いて歩けるようになると、生来の快活な性格で心も次第に晴れて前向きになった。身体自体は健康なので、彼女は入院生活が次第に退屈になり、歩行訓練を兼ねて廊下を歩き、外来待合室のベンチに座っていた裕福そうな中年の女性と挨拶を交わした。ちょっとした外傷で通院していたが、現在はほぼ治ったというその女性は英子よりやや年上らしく、人懐っこくて話好きだった。

「わたしの名はメアリー・ブラウン、あなたは日本人？　ひとりで日本から来たの？」

メアリーは好奇心に駆られた様子だった。中国人、当時の清国人は辮髪《べんぱつ》など特徴のある外貌と、圧倒的な数の多さでアジア人といえばほとんど中国人とみられるが、日本人はアメリカの社会ではまだ少なく、世界地図で日本をすぐに指せるアメリカの市民はほとんどいない。

「そう、私は日本人で、タマ・イデと申します。昨年の晩秋に日本の横浜からシアトルに来ました。ニューヨークに行くつもりで、一月末にシカゴに来たところで、馬車に接触して右足の小指を轢かれて入院しているの」

英子はこの時初めて、自分の名を「タマ・イデ」というペンネームで名乗った。そして問われるままに、日本では教師や新聞記者をしたが、まだ日本の社会は女性の職業としての活動場所が少なく、アメリカでそれを求めるつもりだと、自分の現状と渡米の目的を簡潔に話した。聴いているうちに、メアリーは英子の怪我を気の毒に思う以上に、彼女の目的と行動力に感動した。それに加えて英子と話をすること自体が楽しく、行きずりの人としてこのまま別れる気にはなれなくなった。

「ねえ、タマ、ドクターの許可がおりてあなたもよければ、病院は通院治療にして、しばらく私の家に滞在しない？　私は未婚で、広い家にメイドと二人で暮らしているから、あなたが好きなだけ滞在して、日本の話やあなたの将来の計画など、いろいろ聴かせてほしいのよ」

メアリーの勧めに、英子もその気になった。アメリカに来て以来数ヶ月になるが、まだ市民の家庭での生活は経験がない。足の傷は「日にちぐすり」で、時の経過とともに癒えてゆくだろう。主治医に相談すると通院治療を許可され、彼女は退院してメアリーの家に移った。

アメリカの社会といえども基本的には男性社会で、一般に女性の話題と言えば、娘時代は恋愛、結婚後は家庭や夫、子供など、身の回りのできごとに限られる。その原因は、男性に比べると女性が高等教育を受ける機会が少ない、少なくとももものごとを考える領域が限られるなどの傾向がある。先進国としてのアメリカといっても、まだ時代は一九世紀末から二〇世紀初頭であった。友人やメイドと日常的な会話しか話す機会がないメアリーは、英子の話から、日本と欧米にかかわる彼女の思考範囲の広さに驚嘆し、魅惑された。

東アジアで長く伝統文化とともに封建制度を保ちながら、にわかに欧米人の仲間入りをしようとする日本人に、メアリーは称賛とともに軽薄感を抱いていたが、英子によれば、合理的と感じれば昔からの習慣や個々のプライドを捨てて、むしろ自分たちが、後進である、弱小であるという劣等感をバネにして、いち早く転換しようとするのが日本人の特性だという。もちろん、性急な変身は欧米人からみれば滑稽で、「猿真似」などと嘲笑のたねになることもあるけれども、欧米列強諸国によってアジア諸国が植民地化されてゆく現実の恐怖感が、日本人を西洋化に急《せ》き立てたおもな原因と思う。しかし急速な富国強兵政策は、足尾銅山鉱毒など人為的災害を生じる結果となった、と現状を語った。

「しかし結局、西洋以外の世界の諸国は、生き残るために西洋化を目指して、日本と似たような道をたどるようになるでしょう」

メアリーは日本人が西洋化を急ぐ理由を説明する英子に、手を叩いて叫んだ。

「タマ！　いまの話を文章として書きなさいよ。知り合いの新聞社に原稿を送ってみるわ」

アメリカの新聞に論説を寄稿する！　英子は忘れかけた元新聞記者としての意識が甦ったような、こころよい懐かしさを覚えた。

数週間後、「イデ・タマ」のペンネームで、英子が寄稿した次のような英文の日本人論が、シカゴの新聞に掲載された。以下が概略である。


四季の自然環境の変化を敏感に感じ、短歌や俳句など詩文への表現を好む日本人は、基本的には自然を愛好する平和な国民性だが、近代になって怒濤のように押し寄せる外国勢力から生き残りを図るため、国の制度や人々の生き方に急激な変化を強いられた。

国のかたちとしては、二百数十年間の鎖国制度をペリー提督の率いる米国艦隊の到来で開国させられてからまだわずか三〇数年、外観は平均身長一五〇センチ前後の矮小で貧しい日本人は、巨体で富力武力ともに豊かな欧米人の前では、絶えず劣等感と恐怖心に駆られていた。そのような状態でありながら、恐れていた日本の国土が欧米列強から植民地化をまぬかれた理由は、劣等感に加えて、アヘン戦争などの情報による恐怖心が彼ら当時の日本人の西洋化への起爆剤となり、開国以来の日本の国是「富国強兵」を目指した結果による。

しかしその代償として、国民は国家の緊急の事態には、生命をはじめ、すべてを国に奉仕しなければならない。開国以来、日本は欧米文明を学ぶとともに列強の軍事力を模倣した国家となり、八年前には清国と戦い、それに続いて現在はロシア帝国と清国領北方の権益をめぐって対立している。本来、日本人は平和な生活を愛しているが、世界中のどの国もそれは同じだろう。しかし現状は「平和のために」と称して戦争をするという矛盾に陥っていて、この状況は、日本が学んだ西欧諸国も共通している。矛盾は一国で解決できる問題ではない。

劣等感と恐怖感から出発した日本人にとって、目標とすべき「恒久平和」の前途は遠い。

このように結んだ日本人論は、筆者が日本人女性でありながら、新興国として戦争と平和をテーマとした明快な論理が話題になった。後年、サンフランシスコで英子が発表した非戦論は、このころからの思想であろう。皮肉にもこの翌年の一九〇四年、日露戦争がはじまる。

二　セントルイス万国博覧会で商才発揮

ニューヨークに到着

思いがけないきっかけで、英子はほぼ一年間、メアリーの家に滞在した。右足小指の傷が癒えるまでと思っていたが、新聞や雑誌への寄稿原稿を書いたり、メアリーや彼女の友人たちと交友を結ぶなど、予想外の充実した期間をすごした彼女は、傷もほぼ完治したと判断して、名残りを惜しむメアリーに別れを告げ、一九〇四（明治三七）年のはじめにシカゴを出発して当初の目的地であるニューヨークに到着した。

英子はこの世界最大の都市の街路に立って、改めて巨大な量感に圧倒された。立ち並ぶ建物は、世界に先駆けて高層化しつつあった。一九世紀末に開発された鉄筋コンクリートは、伝統的な建築材料である石や煉瓦と比較して、素材の長所を組み合わせた物理的強度が飛躍的に優れ、しかも連続した一体性が得られるなど、従来の材料や工法では不可能だった高層ビルの建築材料として急速に普及した。同じ時期にエレベーターなど昇降機械技術の安全性が加わって、高層ビルの建設と実用化を可能にした。ヨーロッパのように歴史的に完成された石造の都市と異なり、鉄筋コンクリートによる近代建築技術は、まさに建設途上の国アメリカのためにできたかのように、新しい都市づくりへのベスト・タイミングとなった。

その象徴が、地価の高いニューヨークのビジネス街に林立する高層ビル群の景観である。行き交う人々もアングロサクソン系が主体となる白人のほか、アフリカ系、ヒスパニック系、アラブ系、東南アジア系、中国系など、この国が移民で成り立っている実態を目にして、英子は自分が日本人であることにそれほど疎外感を抱かなくなった。この当時はまだ目を見張るような高層ビルはなかったが、巨大なコンクリートの建物が威圧する街路や活動的な市民たちを眺めていると、とにかく、これからこの国で生きてゆくのだという高揚した気持ちが湧き上がってくる。何をするにしても、まず住まいを定めなければならない。英子は黒人やメキシコ人などラテンアメリカ人であるヒスパニックが多く住むブルックリンのダウンタウンで、家具付きの狭いワンルームアパートを借りた。つぎは仕事探しである。

日本を離れるときに、知人から主として教会関係の人々への紹介状をもらっていたが、彼女はそのどこにも訪れず、人生のある時点から過去を断ち切り、まったく新しい自分に作り替えようとしていた。実際、この地では日本での経歴はなにも通用しない。

「では、君は何ができるのかね？」

これが仕事探しで浴びせられる、典型的な質問である。人は才能と努力次第で成功し、社会的にも限りなく上昇できる、いわゆるアメリカン・ドリームの考え方が旧世界の若者たちをアメリカへ駆り立てていた。しかし実際のアメリカは中国人、日本人排斥運動など既得権を主張する白人市民との激しい軋轢に満ちている、現実的な競争社会である。

英子は当面の生活が支障なくできるように、ワンルームのささやかな住まいを整えた。アメリカに来てから一年半近くになるが、「自分の住まい」のベッドで眠るのは、ようやく今夜が最初だ。窓の外からはダウンタウンの人声や物音が漏れてくる中で、彼女は大都会を見た興奮と今後への物思いにふけりながら眠りに落ちた。

シカゴを去るとき、メアリーから勧められていたので、翌日はマンハッタンの中心、ニューヨーク五番街にあるアメリカ最大のカトリック教会でゴシック様式建築のセント・パトリック大聖堂を参観した。偶然、この日は日曜日だったのでミサが行われ、聖堂ではパイプオルガンの前奏に続いて、ミサ曲の冒頭「キリエ・エレイソン、クリステ・エレイソン（主よ、憐れみ給え）」を聖歌合唱団がラテン語で歌った。荘厳なハーモニーは多彩なステンドグラスに濾過された光線の空間を満たし、人々にこの場所が大都会の中心であることを忘れさせる神の国となった。聖堂はマナーを守れば観光客でも礼拝に参加が許される。英子は後部階上の天井桟敷のようなギャラリー（一般席）で礼拝した。

一六二〇年、メイフラワー号によるピューリタン（清教徒）の渡航以来、アメリカはアングロサクソン人種を中心にしたプロテスタントが圧倒的に優勢な国である。一方、アイルランドやラテンアメリカ系の貧しい移民はほとんどがカトリックで、プロテスタント側からは社会的にも低く見られていた。しかし総じてアメリカ人全体の宗教意識は、ヨーロッパを凌ぐほどだった。一九世紀後半に活躍したフランスの政治学者トクヴィルがこの状況を語っている。彼は一九世紀前半のジャクソニアン・デモクラシー時代（第七代ジャクソン大統領時代・多方面から発言が増えた社会状況）のアメリカ社会に一年間滞在、観察し、

「共有すべき歴史も文化も持たないアメリカの国家統一の役割を担うのは、宗教である」

と主張した。宗教とはこの場合、もちろんキリスト教である。そして現在のアメリカ社会の姿に、未来のヨーロッパの姿を予測した著書 *De la démocratie en Amérique*（『アメリカのデモクラシー』）を出版し、フランスのみならず、各国語に翻訳出版されて大きな反響を呼んだ。

ナース見習いを断念

正午近くに礼拝が終わり、英子は会衆とともに礼拝堂からホールへ出たとき、一緒に歩いていた中年の白人女性と目が合ったので、会釈をして声をかけた。

「素晴らしい教会ですね」

「ありがとう、私は毎週、日曜礼拝に出席していますよ。あなたはどちらから？」

「私は日本から来ました。日本人で、タマ・イデと申します」

「おお、日本から来たの、タマ、私の名はヴァージニア・ヤング、もしお差し支えなければ、私の家は近くだから、日本のことなど、お話しして下さいな」

ヴァージニアは教会の会堂係に二言三言話しかけてから英子を促し、セントラルパークからさほど遠くない自宅に招いて歓待した。初対面にもかかわらず、英子によほど強く惹かれたらしいヴァージニアからの問いかけに、英子は祖国日本を離れてアメリカに来た理由のあらましを話した。ヴァージニアは独身でカトリック教会の伝道奉仕をしていたが、英子が家庭の離散が原因で教師から新聞記者をつとめ、警察当局から執筆活動を制限されてアメリカに新天地を求めた経緯に深く同情するとともに、その後の英子の果敢な行動力に感嘆した。また彼女が少女時代からミッションスクールの海岸女学校でアメリカ人の宣教師からキリスト教教育を受け、メソジスト派教会のバイブルウーマンをつとめた経歴に、教派の違いはともかく、おなじキリスト教伝道奉仕者として親しみを覚えた。

なによりも、英子が日本人とは思えない滑らかな英語で快活に話す雰囲気が、旧知の友人と話しているようにヴァージニアをリラックスさせた。そして英子が現在、仕事を探していると聞いて、当時、女性の職業の花形とされていた看護婦《ナース》になるよう勧めた。

「タマ、あなたが仕事《ジョブ》を探しているのなら、私に心当たりがあるのよ。ニューヨーク市内の有名な大病院のルーズベルト・ホスピタルでナースを見習いから養成しているの。ナースは女性の代表的な職業だから、お勧めしたいのよ」

ヴァージニアに熱心に勧められて、英子はやってみる気になった。養成所への入所方法や手続き書類はヴァージニアが奔走してそろえてくれたので、数日後、英子はホスピタル附属ナース教習所に特待看護見習生として入所し、看護法の基礎学習や実習訓練を受けはじめた。しかしその当初から、彼女は自分には向かない仕事だと感じた。見習生の年齢は平均二〇歳前後で、三八歳の自分とは倍近い年齢差がある。同じ仕事をした場合、肉体的にも考え方にも、あらゆるものに差がありすぎた。勤務環境もすべてが巨大な組織形態の中、看護は重要な職務だが、医療の現場では医師の指示が絶対の職場である。

（私はアメリカに生活する手段だけを求めて来たのではない。思いを表現できる場所として、自由の国アメリカに来たのだ。現状に妥協せず、初志を貫徹しなければならない。）

一旦決断すると、いつもながら英子の行動は早かった。彼女は教習所に退所願書を提出し、短期間でナースの見習いから離れた。そしてとりあえずヴァージニアに会って事情を話し、折角の厚意を無にした不義理を詫びた。

「気にしなくてもいいわよ」

彼女は笑顔で英子を慰め、アメリカでも、まだ女性の仕事は限られているのよ、と嘆いた。

後日のことだが、英子がニューヨークを離れてサンフランシスコに定住するようになってからもヴァージニアは英子と文通を続け、一九〇六（明治三九）年のサンフランシスコ大震災に遭遇した英子と夫の永井元《げん》が被災地の救済委員を務めていることを知り、多くの衣服類をまとめて送ってくれた。二人の間には長く友情が続き、その後、ヴァージニアはカトリック教会の布教員としてフィリピンで伝道活動を行った帰途に、サンフランシスコの永井夫妻の住まいを訪れ、再会を喜び合った。

「私も加わって一緒に写真を撮った」

と、元は『永井ゑい子詩文』中篇「米國時代のゑい子（上）」で、そのときの様子を回想している。

高峰譲吉との再会

ヴァージニアにホスピタル教習所退所の経緯を話した数日後、英子はニューヨーク市内に二年前の一九〇二年から開設されている「高峰研究所」に高名な応用化学者である高峰譲吉を訪ねた。明治一〇（一八七七）年に津田仙が麻布本村町の旧大名屋敷跡の自宅農園に学農社農学校を創設したころ、富山高岡出身の高峰は工部大学校（のちの東京帝国大学工科大学）化学科に在学中で、過燐酸肥料を研究して日本の人造肥料工業の端緒を開いた。このころ、日本の農業を「生業」から「事業」に改革した先覚者である津田仙を、新進気鋭の高峰は学農社に訪問して日本の農業の未来を語り合った。当時英子は寄寓していた津田家から出て、新設された海岸女学校の寄宿舎に移っていたが、時折り仙の指示で麻布の学農社に集まることがあり、仙は自慢の天才児英子を高峰に紹介したことが、面識を得る機会となった。

このとき高峰は英子の異常な才能に強い印象を受けたようで、以来、明治四五（一九一二）年に英子の母なほが米寿を迎えた祝賀の寄せ書きに応じるなど、終生、交流を続けた。

英子が渡米に際して紹介された、主としてキリスト教関係の在米の人々をよそに高峰を訪ねた理由は、彼が応用化学の研究者であると同時に、事業家《ビジネスマン》として知られていたからであろう。彼は工部大学校を卒業して農商務省から二年間英国留学を命じられ、帰国後、一時専売特許局次長となったが、一八九〇年に辞任してアメリカで胃腸薬を研究した。一八九四（明治二七）年に「タカジアスターゼ」

を事業化して世界的に有名になった。七年後の一九〇一（明治三四）年には副腎髄質ホルモンから「アドレナリン」の抽出に成功した。

この物質と対比される血糖低下剤インシュリンとは逆に、アドレナリンは血糖の濃度を高める作用があり、現在も交感神経刺激剤として用いられる。この功績により、高峰は薬学、工学の両博士学位を得て、明治四五（一九一二）年に帝国学士院賞を受賞している。

「やあ、英子さんお久しぶり、その後随分変遷があったようですね、それにしても、このたびは思い切った行動ですが、アメリカではどのような方面を目標《ターゲット》にしていますか」

研究所の応接室に英子を迎えた高峰は、往時を懐かしみながらも実務家らしく彼女の訪問の目的に話題を移した。英子はニューヨークに着いてからナース養成所を退所するまでの経過を話した。そしてこれからの生活手段として、シカゴでの経験も活かし、フリー記者としてまだよく知られていない日本を種々の角度から紹介する記事が掲載されるよう、新聞社や雑誌社に紹介願いたいと懇願した。目的の通りになるかどうかはわからないが、知人の新聞記者や編集者に声をかけるので、何か原稿を持って来なさいという高峰のことばに勇気づけられた英子は、その日から紀行文など、種々の形式の英文記事執筆に没頭した。

記事は「Tama Ide（タマ・イデ）」のペンネームでしばらく新聞や雑誌に掲載されたが、結果として、フリー記者では職業とするまでに至らなかったらしく、英子は継続的に生活が可能な仕事を探す必要に迫られた。

博覧会の売場を振袖姿で魅了

翌年の一九〇五（明治三八）年、ミズーリ州東部の工業都市セントルイスで万国博覧会が開催されることになり、多くの日本人企業が出店したが、そのひとつである桑港《サンフランシスコ》の「日本ドライグース商会」の社長小池實太郎は、出店の挨拶と宣伝を兼ねてニューヨークの顧客をまわり、旧知の高峰も訪問した。高峰は小池に英子を紹介して、販売の仕事を勧めた。彼は事業家としての感覚で、英子の多才な能力の中に、天性の「商才」を感じていたのである。

「あなたは英語力は抜群だし、なによりも人当たりがいい。販売をやれば成功しますよ」

高峰から英子の経歴を聞いた小池も膝を乗り出して、ぜひお手伝い願いたいという。仕事を探していた時期でもあり、商売は性格としても好きだったので、彼女は勧めに従った。

セントルイス万国博覧会が開催された一九〇五年には、日露戦争が陸戦では奉天会戦、旅順攻防戦、海戦では五月末の日本海海戦での決定的勝利により、終結に近づいていた。

世界中が日本人を驚異の目で見るようになり、八月にはアメリカ合衆国のセオドア・ルーズベルト大統領の調停により、米国ニューハンプシャー州ポーツマスで日露の講和が締結された。国力を使い果たした状態ながら勝利した日本の人気は博覧会会場でも高まり、日本人主催の売り場はどこも繁盛した。とりわけ、ドライグース商会ではオープン当日、店頭に立った英子が振袖姿でジョークを交えて人々を呼び込み、キモノ姿の日本女性を間近に見たり、彼女と会話をしたがる客が群がり集まった。異国情緒が漂う日本製商品でも、特にアメリカ人女性に好まれるような和風の刺繍をデザインしたブラウスや、工芸カフスボタンなどの実用品は〝飛ぶように〟売れた。

本来、振袖は未婚の女性が着るものだが、美しい模様が描かれたロング・スリーブス（長い袖）は、アメリカ人に強い印象を与えるキモノの代表である。新聞社のカメラマンが客集めに奮闘する振袖の英子を撮影し、翌日の紙面に掲載された。いまや、タマ・イデは博覧会会場のスターになった観があった。客集めだけでなく、彼女から快い弁舌で日本の刺繍細工やカフスを勧められた客は、その言葉に魅入られたように喜んで買った。社長の小池は彼女と客のやりとりの一部始終を見ていて、その商売上手に感嘆し、後日、英子の話がでると

「あの時は、よく売って下さった」

と往時の思い出を語った。博覧会の最終日を迎え、大量の在庫を今日中にどのようにして売り切るかが課題になったが、英子は「ラストセール大売り出し」としてラッフル（raffle 福引き）販売を提案し、即座に実行して商品を残らず売りさばき、在庫を一掃した。

「博覧会でのセールスは、ほんとに面白かったです」

と、英子は後日、夫の永井元に語り、元もその様子を記述している。

彼女は、そのビジネス・アビリテイ business ability（商才）を大いに發揮したことを誇りにしていた。

（永井元「米國時代のゐい子（上）」永井元編『永井ゐい子詩文』）

英子のビジネス能力は、明治二六年の濃尾大地震に際しての救済活動でその片鱗を見せたが、セン

トルイス万国博覧会ではセールスの舞台で自由奔放に才能の華を咲かせた。

三　サンフランシスコで永井元と結婚

評判だった「タマ・イデ」の講演

博覧会売店での成功に加えて、英子はセントルイス市を中心にした地域の人々の間に多くの知人ができた。これは彼女にとって大きな収獲だった。会期中は衆人注視のストレスと闘いながら懸命に働いたが、予想以上の成果を挙げて無事に出店《ショップ》を完了《フィニッシュ》すると、英子はさすがに疲れを感じた。いつのまにか、年齢も三九歳になる。そこでこの町の知人たちに勧められて、市内の閑静な住宅街カークウッドにある小さなペンション（民宿）で、しばらく休養することにした。この機会を利用して、親日家で知られたセントルイス美術学校のアルベルト・ローバー校長や、同市社交界の花形といわれるディッグス夫人を中心とする多くの女性たちの企画で、タマ・イデを講師とする、日本と日本人に関する講演会を開催する運びになった。講演表題は「トリップ　ツー　ジャパン（trip to Japan 日本漫遊）」とする四部構成で、一日に一部、数日間隔で計四回をかけて講演することになり、英子は休養どころか講演原稿の執筆で大忙しの日が続いた。

内容の構成は、日本を旅行した一人のアメリカ人が、日本人、主として日本女性の生活や習慣を体系的に観察した結果を物語る形式で、第一部は「日本の婦人（昔の日本婦人、現代の家庭生活、娯楽としての芝居と役者）」、第二部は「自然と美術（花と鳥、日本庭園）」、第三部は「茶の儀式（茶室の作法、茶道の精神）」、そして第四部は「宗教（神道、仏教、キリスト教）」とした。講演は単に観光宣伝にとどまらず、当時、カリフォルニアを中心とする西部で激しくなっていた日本人移民排斥に対して日本文化を理解させる目的も含んでいた。

「神秘の国」だった日本の社会をテーマとした著作は、この時期の前後にアメリカでも出版されている。例えば、日本の女性を中心に論じたアリス・ベーコンの著作 *A Japanese Interior*（『日本の内面』（副題邦訳：華族女学校教師の見た明治日本））が親友の津田梅子や大山捨松の協力を得て一八九三年にボストンのホートン・ミフリン社から出版された。これに続いて一二年後の一九一七年に、社会生活や日本家屋を精密な挿絵入りで紹介した

渡米後、振袖姿で講演する英子
1905（明治36）年、39歳
（セントルイス新聞に掲載された写真）

動物学者で大森貝塚の発見者エドワード・モース著 *Japan Day by Day*（邦訳『日本その日その日』東洋文庫）が、同じくボストンで出版されている。

これらはいずれも外国人が見た日本としての著作だが、旅先で資料もなく、日本時代に見聞し経験した記憶を頼りに短期間で講演原稿を書き上げた英子は、日本人自身が日本を英語で語った先駆者といえるだろう。一方、美術学校のローバー校長が奔走して会場の設営や聴講者の募集新聞広告などに応援メンバーの女性たちの先頭に立って尽力し、「戦勝国日本の女性タマ・イデの講演」は評判になった。講演は五月下旬から七月初めにかけ四回行われ、英子の振袖姿での講演の評価も上々で、その期間中にはさまざまの婦人クラブや学校から講話を頼まれた。さらに結婚式や女性団体の集会やティーパーティでの日本風デザイン、マナーの指導を依頼され、一時、セントルイスの社交界ではタマ・イデを招くことが流行となった。自分の知識と能力、持ち前の人に好かれる性格が人々に受け入れられ、英子はアメリカ入国以来の疲れもけし飛び、愉快で多忙な日々を楽しんだ。

新聞も講演の様子を大きくとりあげた。例えば、セントルイスの日刊紙グローブ・デモクラットには次のような記事が掲載された。

（五月二十五日）當市メラメック公立學校の上級生等は日本婦人ミス・オタマサン・イデの二時間に渉《わた》る日本に關する講演を聞て非常に面白く思うた。同婦人は故國の習慣風俗、其言語詩歌等の談をなし、日本の繪畫や什器《じふき》をも展覧した。同女史ははでやかな花鳥模様のキモノを着、其風姿は頗る人目を惹いた。來る六月六日にはオデオン大會堂で歐州のオーケストラ入りで講演を催ふす。其時集まつた金は日本の軍事費に寄附する予定と。

（六月七日）昨夜オデオン會堂に於ける講演の司會者はミス・クララ・バウエルで、マダム・タマ・イデが戰争の爲め寡婦となつた日本婦人救援の資金を得《う》るためであつた。本國では互ひに敵味方となつて戰争をしてゐるにも係はらず、昨夜の會には露國人の樂隊の奏樂があつて不思議の對照を感ぜしめた。講演後米國婦人達はタマ・イデ女史と華美な日本キモノで茶菓を共にし、大盛會であつた。

（七月二日）當市サウス・サイドのミセス・イー・アル・デッグス夫人はシカゴのミセス・フランク・コルビー夫人の爲め立派なる日本式レセプションを催ふした。（タマ・イデの斡旋）

（七月七日）マダム・タマ・イデは昨夜留別の爲め最後の講演をした。女史は曰く、日本の婦人は一旦良人《をつと》を失なへば再婚しない習慣だから戰争寡婦を援助する必要があると。又紐育《ニユーヨーク》、シカゴにも居たが圣路易《セントルイ》が一番好きであると語つた。彼は敵國の露國人に対して尊敬はして居ても悪いことは一言だに云はなかつた。講演後彼は日本の紫のキモノのまゝ、我等米國婦人と共に市街を歩行した。通行のものが皆ふりかえつて見た。最後に『歸國したらサンプルの良人《をつと》を一人先きに送るから見て下さい。皆さんが大きいから日本のお相撲さんが宜しいですか』と云つた。さうして皆と別れる時に「サヨナラ」と云つた。

（「米國時代のゐい子（上）」『永井ゐい子詩文』中篇）

翻訳の仕事に面目躍如

最後の講演を済ませた英子は、セントルイスの人々に名残を惜しまれながら、日本ドライグース商会の小池實太郎に招聘されているサンフランシスコに向かった。列車はミズーリ州、カンザス州の農業地帯からコロラド州、ユタ州、そしてネバダ州などの合衆国中部の荒涼とした砂漠や山岳地帯を西へ走り、カリフォルニア州の平野に入って、ようやく西海岸（太平洋岸）の大都会、サンフランシスコに到着した。

駅には小池と万国博の出店で一緒に働いた商館員が迎えに来ていた。市内の小池宅に着き、出迎えた小池夫人はま子は、英子の顔をみるなり、あっ、と叫んだ。

「まあ、あなたは松本英子さんじゃないの！」

実は、はま子は海岸女学校の出身で、英子と同期生だった。これに対して英子は

「あら、奥様、お人違いじゃございませんこと？　わたしはタマ・イデですよ」

としらばっくれた。しかし近くのオークランド市に住む旧知の桑原牧師が、たまたまこのときに居合わせていたり、筆跡や写真など動かぬ証拠を並べられて、とうとうタマ・イデは松本英子であることがわかってしまい、それからは、小池家では英子さんと呼ばれるようになったが、日本語文筆原稿や翻訳などの署名は井出玉子のペンネームで通した。

小池が英子を招いた用件は商会の仕事ではなく、彼女の日本語の素養を必要としたからだった。商会経営のほか、小池はサンフランシスコ在住邦人の社会活動のメンバーに多くの知人があり、その一人で弁護士の高田《こうだ》喜三治から日本語に堪能で翻訳もできる人材の紹介を頼まれていた。高田は設立間

もないスタンフォード大学を卒業後、サンフランシスコ市のブッシュ街四一八番に法律事務所を経営していた。彼は少年時代からアメリカ育ちでネイティヴ・スピーカーなみの英語の実力は定評があったが、逆に日本語はやや心もとないと自分でも感じていた。一九〇五年のセントルイス万国博覧会が開催されたころ、サンフランシスコの日本人出版社青木大成堂は英和対訳の『加州英語読本教科書一〜三』の刊行を企画し、英文テキストの日本語訳を高田に依頼した。しかし、教科書に掲載される翻訳日本語として将来も手本にされる文章となると、彼には自信がなく、躊躇した。悩んでいた高田から相談を受けた小池は、博覧会のセールスで活躍している日本人女性タマ・イデが、日本の詩歌など古典文学とともに英語翻訳も堪能で経験も豊富であると高峰譲吉から聞いていたので、翻訳者候補として高田に紹介するつもりで彼女を招いたのであった。

小池家の応接室でかねて話に聞いたタマ・イデを紹介され、彼女の日本文学への造詣の深さを感じた高田は、その場で加州読本教科書の日本語翻訳を依頼した。かれら邦人社会で「ドクトル」と呼ばれて親しまれ、小池とは懇意にしている黒沢医師も同席して、家族や使用人が多い小池宅に配慮し、よければ我が家の部屋を一部改装して仕事場に提供したいと申し出た。英子は感謝して厚意を受け、早速翻訳を始めるとともに、その年の暮れにドクトル黒沢家の書斎風に改装した仕事場に移った。仕事と場所を得た英子は予定よりもはるかに短い三ヶ月足らずで翻訳を完了し、その努力と集中力に高田や出版関係者は感服した。

永井元との出会いと結婚

一方、「井出玉子」に翻訳を依頼した高田は、原稿の校訂を元ジャーナリストで現在は保険代理店経営者の永井元に頼んだ。元の経歴は自身ではほとんど語っていないが、『永井ゑい子詩文』の江刺昭子氏による解説によると、一八六八（慶応四）年上州（群馬県）出身で、英子より二歳年下になる。彼は二一歳まで日本で新聞社に勤めて廃娼運動にかかわっていたが、一八八九年に留学の目的で渡米し、一八九一年にサンフランシスコで新設開学したスタンフォード大学に入学した。高田も同じ「須大」同期生で、のちに高田が彼の事務所を校訂の報酬として元に譲った理由も、これで理解できる。

在学中に在米邦人のための新聞『金門日報』を創刊した元は大学を中途退学し、ジャーナリストとして活動したが、邦人社会に保険加入の需要《ニーズ》が高まっている状況を感じて、ニューヨーク保険会社の代理人として「永井保険」を開業した。元はビジネスマンとして経営の才と先見の明に恵まれていたようで、この点が英子と生涯をともにする共通要素となったのであろう。高田が英子の翻訳原稿の校訂を元に依頼した理由は、もとジャーナリストの元の編集能力に期待していたからだった。元は渡された翻訳原稿を一見して、まずその見事な筆跡に感嘆した。女性の美しい筆跡は、それを見る者におそらくは筆者は筆跡にふさわしい才色兼備の佳人であろうと憶測させる力がある。それを裏付けるように訳文も完璧で、教科書としてふさわしい立派な文体だった。校訂者として非の打ち所がないと思われたが、読者の立場から詳細に点検すると、美しい日本語ではあるが、一般的な在米邦人にとってはやや雅文に感じられるところもあり、この部分は元は遠慮なく平俗な表現に修正して校訂原稿を高田に渡した。高田はこの校訂原稿をファイナル（最終稿）として出版社の青木社長に渡すつもりだったが、その前に翻訳者の英子に校訂の結果を見せ、意見があれば校訂者の元と協議するようにと、元の事務所の所在地や都合のよい訪問日を教えた。

この年の晩秋、一九〇五年一一月下旬に、英子は翻訳者の井出玉子としてサンフランシスコ市内のビジネス街であるブッシュ街四一八番にある元の事務所を訪れた。入口の扉には「ニューヨーク保険会社代理店　永井保険」と表札がかかっている。初対面の挨拶を交わした「井出玉子」と元は早速、校訂箇所の検討を行い、その日には時間不足でできなかった部分を、数日後に英子が再訪して、すべての点で合意した原稿を英子が高田に渡す運びになった。永井保険事務所は店主の元ひとりだけで、それにしては不似合いなほど広いオフィスや大きなデスク、立派な備品に英子は驚いた。実はこの事務所は最近まで高田弁護士の法律事務所だったが、高田はこのたび新設された日本銀行サンフランシスコ支店の法務部門幹部に就任がきまり、彼は法律事務所を閉じるとともに、校訂の謝礼として机など器具備品一切をつけて元に譲ったのである。これが「小さな保険代理店にしては立派な事務所」である理由であった。そういうわけで、英子が訪問した永井保険代理店は、これまでの旅館を間借りした狭い事務所から移ってきたばかりの新店舗で、元としては英子の訪問を受ける時期としてグッドタイミングとなった。元は英子が滞在している黒沢医師や家族とはとりわけ昵懇で、答礼の意味を兼ねて黒沢家に英子を訪問して最終稿をまとめたり、サンフランシスコの印象について話し合った。校訂に関する協議の訪問は三回行われ、さらに一九〇六（明治三九）年の正月に、元は黒沢家からカルタ会に招かれ、家庭的な雰囲気の中で英子と並んでカルタ遊びに興じた。そのあと、英子は元を仕事部

屋に案内し、合意ができた校訂ずみの原稿を高田に渡したと告げ、

「実は、タマ・イデはシカゴ、ニューヨークやセントルイスで新聞や雑誌への寄稿で用いた私のペンネームです。本名は松本英子と申します」

といたずらっぽく笑った。その瞬間、元は英子との初対面以来、ひそかに抱いていた思慕の思いが抑えられなくなった。彼は意を決して緊張した表情で英子に向かい、告白した。

「英子さん、翻訳原稿を拝見し、さらに初めてお目にかかって以来、私はあなたを尊敬する以上に、愛する気持ちに駆り立てられました。私の経歴はすでに高田さんから聞いておられると思いますので、率直に申し上げます。どうか私と結婚して下さい。お願いします」

英子も元の様子から、彼の気持ちを感じていた。そして人生の岐路に際して、自分を偽らずに未知ではあるが確信する道を進もうとする彼の生き方は、自分と共通するものがあると思った。英子は元の目を数秒見つめ、微笑して承諾のことばを伝えた。

「お気持ちを嬉しくお受けいたします。私も、あなたを心から愛します」


プロポーズから極めて短期間で、結婚式の準備が行われた。元は須大学生時代からジャーナリスト、それからニューヨーク保険会社の代理店経営者として生命保険、火災保険、損害保険などの保険業務のほか、法律事務所の英文裁判記録の日本語翻訳を引き受けるなど、それぞれの分野を合わせると友人知人は驚くほど多かったので、事務所はこれら知友からの贈り物の山ができた。

元と同郷の群馬県人で弁護士の金井重雄が挙式の準備を斡旋して、当時の日本帝国サンフランシス

コ領事上野季三郎が媒介人となり、一九〇六年一月一七日にサンフランシスコ帝国ホテルで元と英子のフォーマル（儀礼的）な結婚式が挙行された。式場には媒介人の上野領事をはじめ、立会人として黒沢医師夫妻、金井弁護士、それに元の弟、泉象《せんぞう》が参列した。

二五日後の二月一一日に、披露宴が同じ帝国ホテルで開催された。来会者は約二〇〇名で、サンフランシスコ領事館員全員、サンフランシスコで活動する日米新聞社の記者、メソジスト派を中心とするキリスト教関係者、日本銀行サンフランシスコ支店、横浜正金銀行サンフランシスコ支店幹部、元が幹事をしている旅館業者連盟全員、小池實太郎一家と実業界の人々、それにニューヨーク保険会社サンフランシスコ支店の幹部や代理店同業者が一堂に会した。

媒酌人上野領事の新郎新婦紹介と今日に至った経緯の報告に始まり、各界代表の祝賀演説や奏楽をバックにした歓談で披露宴は大いに盛り上がった。閉会に際して、元と英子新夫妻は式場大広間の出口で挨拶し、翌日の新聞には「未曾有の大盛会」と報じられた。

四　大地震からの脱出と救済活動

未明のサンフランシスコを直撃

婚約から挙式までの期間が短かったので、事務所の近くに適当な住まいが見当たらず、元《げん》はとりあえず転居前に事務所として部屋を借りていた旅館「富士山館」の奥まった一画を借り、大勢の知友から贈られた家具や食器を事務所から運んで配置した。

ようやく新居らしくなった部屋で贈り物の礼状書きも一段落した四月一八日の明け方、英子が何か眩暈《めまい》がすると訴えるので、脈を見ようと元が電灯をつけて彼女の手首を握った瞬間、みしみしと激しい家鳴りとともに、壁はゆがみ窓ガラスが砕け散る音が響いて部屋全体が上下左右に振動した。これは大地震だと直感した元は、

「地震だ、落ち着け、落ち着け」

と英子と自分に言い聞かせながら起き上がり、ガスコンロに点火して湯を沸かしはじめた。

揺れる前につけた電燈がまだついているのが幸いして、湯が沸くまでの間に英子と元は手早く衣服を着がえ、重要書類や英子の和服一式をまとめて大《おお》風呂敷に包んだ。そしてまず腹ごしらえをしてからと前夜に来客からもらった寿司の残りを食べ、沸いた湯を飲んでいる間に鉄管が破裂したらしく、ガスが止まり、水道も断水した。旅館では客の泣き叫ぶ声、「火事だ、火事だ」と叫ぶ従業員の声に続いて、近くの煉瓦造りの煙突が崩れ落ちる物凄い轟音が建物を揺るがした。元は動かない戸を体当たりで壊し、英子と屋外に出て辺りを見回すと、日ごろ見慣れた通りは地獄絵図と化していた。近所にある街の防火の守り役だった三階建ての消防局は全体が崩れ落ち、局長以下当直の消防士は消防車とともに圧死したと伝えられた。二人は倒れた煙突の破片が散乱し、崩壊した家屋が通行中の馬車を馬もろともに押しつぶした商店街や野菜市場の前の街路を一巡し、泣き叫びながら右往左往する老若男女の群衆と至るところに火の手があがる光景に、もはや一刻の猶予もないと部屋に引き返して荷物をまとめた。英子の和服や書類をまとめて包んだ大風呂敷とともに、元は商売道具のタイプライ

ター、ウェブスター大辞典に顧客の保険証書記録簿その他を荷造りした。

そこへ着のみ着のままの姿で日米新聞の鷺谷《さぎや》編集主幹と元の弟の泉象が来て、四人でフェアモントホテルがある小高い丘に登り、いたるところに火炎と煙が立ちのぼる市内の様子を望み見て、火災から離れた避難路を探したが、どの方向も同様である。

一九〇六年四月一八日早朝五時に発生したサンフランシスコ大地震は真っ先に消防局が壊滅し、水道管は破裂して断水する状態で、火炎は妨げるものもなく拡がり放題に拡がった。

オークランドで保険業務継続

いつのまにか午後もかなりすぎてみな空腹を覚えたので、元はふところから紙包みにした今朝の食べ残りの寿司の余りを分けて食べているうちに、近所の顔見知りの人々が荷物を担いで避難してきて、夜になって蒲団を持ち出した人が元たちに三枚を貸してくれたので、四人はそれで寒さをしのいで野宿の一夜を明かした。翌朝、元が忘れ物を思い出して、一人で富士山館まで行ってみると、建物は残っていたが、あたりは州の警備兵が出動し、立ち入り禁止にしている。やむなく元は戻って待っていた三人に事情を話し、まもなくこの辺りも火の手が回ってくる恐れがあるので、これから波止場に向かい、金門湾対岸のオークランド港に行く船で知人の内海《うつみ》ドクトル宅に行くと三人に方針を伝え、周りに避難している富士山館の従業員にも永井保険事務所の行き先として伝えた。ここから波止場までは数百メートルの距離で普段ならすぐ近くだが、道路はみな火の海で通行は不可能、やむをえず、四人は数倍遠回りになるが北側の海岸砂地を歩いた。英子の和服は帯など厚手の布地が意外に重く、三つの風呂敷包にして英子、鷺谷、泉象ら三人がそれぞれ担ぎ、元は道に落ちていた荷車用の網に布に包んだ愛用のタイプライターをくるんで曳《ひ》きずり、風呂敷に包んだ重いウェブスター大辞典と保険証書など重要書類を背負って、波止場に辿りついた。船はサンフランシスコを脱出する避難民で満員、乗船制限寸前だったが、早めに行動したおかげでなんとか四人分の船賃四〇セントを払い、乗り込むことができた。

オークランドはサンフランシスコから金門湾を約一三キロメートル隔てて東側対岸に位置し、一八五四年にサザン・パシフィック鉄道が敷設され、六九年に大陸横断鉄道の西側終点に選ばれた新興都市である。避難民姿で到着した元ら四人は昵懇にしていた内海医師宅で暖かく迎えられ、食事、シャワー、ベッドと手厚くもてなされて、友情に感激しながらひたすら眠り、避難中の疲れを癒した。翌朝、かれらが起きてサンフランシスコの方向を望むと、昨日よりも火災はさらに延焼したらしく、空は煙で暗く覆われ、炎は天に沖《ちゅう》して市の大半は火の海となっている。大勢の知友からのこころのこもった贈り物の数々はすべて焼けてしまったと元と英子は残念がったが、他に先駆けてオークランドに避難したので、残った被災邦人がその後数ヶ月間テント生活を余儀なくされた状況に比べて、不幸中の幸いだったと、後日、二人は神に感謝した。現実的にみれば、事態を的確に判断し、躊躇することなく迅速に決断した元の危機への対応が一同を救ったということだろう。

元が特に強調するように、彼が持ち出した二つの宝は、避難先で「偉大なる働き」をした。すなわち、保険業務に欠かせない愛用のスミス社製の古いタイプライターと、契約文書を正確に表現するためのウェブスター大辞典である。

サンフランシスコで使われていたタイプライターはみな焼失して、オークランドでも貴重品扱いで手に入らず、元のタイプをときどき英子が打つ音を聞きつけたアメリカ人が、ちょっと使わせてくれと頼みに来たほどだった。サンフランシスコから避難する間際に、残った富士山館の従業員に行き先を知らせておいたので、永井保険で火災保険の加入をしている顧客は、一斉に保険金請求の証書を元に送りつけ、彼はその状況を記述している。

斯《か》くして私の前に積まれた證書は殆《ほと》んど私の身の丈《たけ》に達した。

（「米國時代のゐい子（上）」）

このように顧客から火災保険金の請求が殺到したとき、保険会社に請求する資料である「焼失財産目録」を短いもので数枚、長いものでは十数枚を、原則としてタイプ文書として保険会社に提出しなければならないが、救出したタイプライターは絶大な効果を発揮した。

元がタイプライターを叩いて保険金請求文書作りに奮闘し、保険会社から該当顧客に迅速に保険金を支払った結果、永井保険は前にもまして大きな信用を獲得した。

一方、助け出した大辞典について、彼はこれを「当時唯一の参考書であるスタンダード（標準）大字書」と記述しているが、この表現に該当する辞典は、キングズイングリッシュ（イギリス標準英語）を代表するオックスフォード大辞典と並んで当時米国で唯一のアメリカ英語大辞典とされたウェブスター大辞典であろう。アメリカ社会での保険の契約に際して、最も権威ある辞典を用いて正確を期した元の経営方針も顧客の信用を高める要素となった。同行避難している日米新聞の鷺谷社長も「先手必勝」とオークランドで震災後最初の日刊新聞として『日米新聞』を発行した。競争の激しい新聞界では、常に読者に存在をアピールしなければならない。ただし印刷機がないので、ミミオグラフ（謄写版）刷りである。続いて『新世界』など数紙が相次いで発行された。

邦人避難民の救済活動

火災保険金請求・支払い確認の大仕事が一段落した元は、英子と相談して邦人避難民救済委員会の創設を企画した。実際には、提案は英子からであったと思われる。その根拠は、一八九一（明治二四）年の濃尾大地震で英子が活発な義捐募金運動を展開し、九代目団十郎をもチャリティ興行に動かした、第二章で述べた実績である。このたびのサンフランシスコ大地震でも、ニューヨーク、ワシントン、シカゴ、セントルイスなど東部諸都市の有力者への募金要請を英子が一手に引き受けている経緯は、この推定の裏付けとなる。

災害の現場で救援活動を実行するには、まず力のある組織を作らなければならない。この方面で、元は大いに活動した。オークランド在住の有志者、サンフランシスコからオークランドへの避難者有志を軸に「邦人救済委員会」を形成し、カリフォルニア州の救済委員会と連携して、内海家の一階洋風広間を邦人救済会本部を兼ねて救援物資の集積、配布の場所とした。そして各地から寄せられる寄付金や救済物資をここで受け取り、一定の現金に衣類や食品を適宜組み合わせて一組にした包みを、行列を作って待つ邦人避難民に分配した。

英子は東部諸都市で知り合った人々すべてに、寄付金や救援物資の救済委員会あて送付を要請する書簡を貴重品のタイプライターで打ち続けた。

元が記録している依頼先の中に

ワシントン駐在の日本帝国大使館一等書記官　日置　益

の名前があった。一八八六（明治一九）年当時、帝国大学学生を代表して選ばれた日置と女子高等師範を代表して選ばれた英子が上野の音楽学校奏楽堂でシェークスピアの戯曲『リチャード三世の悲劇』から対話劇を原語で演じて満場の喝采を浴びた経緯は第二章で述べた。英子の救援要請に、日置も昔を忘れることなく、相当の救援金品を送った様子が元の記録から推察できる。ほかのおもな依頼先はつぎの通りである。

ニューヨーク在住の高峰譲吉博士

〔高峰は英子がセントルイス万国博からサンフランシスコに至る動機を作った重要人物〕

横浜正金銀行ニューヨーク支店　今西支店長夫妻

ミス・ヴァージニア・ヤング　〔英子に看護婦職を勧めたカトリック宣教者〕

シカゴ市駐在帝国総領事館　清水総領事夫妻

同上　ロールド医師夫妻

ミス・メアリー・ブラウン〔シカゴの自宅で英子を療養させてくれた女性〕
セントルイス市美術学校　アルベルト・ローバー校長〔日本贔屓で英子の講演会を援助〕

此等の内の人々から隨分澤山の品物を送り來つた。

（「米國時代のゑい子（上）」）

と元が記述する通り、邦人救済委員会の本部は受け取った金品で満ち、有志たちは公平にセットして分配する作業に追われ、英子は送り主各位に丁重な礼状を送った。

救済委員会の活動は金品だけでなく、各種証明書、許可証などの発行にも及んだ。地震による火災は三日間続き、全市の三分の二を焼き尽くした。元たちが脱出してまもなく、鉄道会社と船会社は各社とも出発点にかかわらず無料乗車乗船とした。それでもまだ残っている罹災者は数万人以上で、ほとんどが野外生活を余儀なくされている。市当局は、一旦市外に出た者や、他所から見舞いなどで市内に入ろうとする者を制限して、入市許可証を発行していた。しかし、入市希望者が多く、許可証を取得するのは簡単ではない。避難者が多いオークランドの市役所正面階段の前にはテント屋根の受付所が設営され、出願者の身元、訪問の目的を問いただして発給した。毎日、数百人から多い時には数千人の出願者が長蛇の列をつくって順番を待っている。元は胸に救済委員の赤いバッジをつけて見回り、列の中に日本人を見つけると事情を聞き、列外に出して州救済委員会本部から与えられた許可証を発給、特別扱いとした。被災日本人はこの措置に大いに助けられ、当時、サンノゼメソジスト教会の小室篤次牧師は、著書『桑港《サンフランシスコ》大震災記』で、このことを語ったと元が述べている。

救済委員は警察官なみの強力な公的職権も与えられていた。米や醤油のように重い救援物資を集積本部から罹災者に運搬する手段がない場合は、救済委員が街路を通行する自動車や馬車を停止させ、最初は丁寧に、救済本部から指定する場所に荷物を届けていただけませんか、と依頼する。「赤バッジ」の威力で、ほとんどの場合、運転手は頼まれたことを実行するが、もし断れば救済委員は豹変して運転手を警察に連行し、警察は彼を法令違反で拘引した。運転手たちは救済委員の権限を恐れ、物資分配の仕事は順調に進むようになった。

このように迅速に救援活動が進み、避難民もほぼ居住地のサンフランシスコに帰還した結果、救済の仕事も一段落し、まもなく救済委員会は解散した。元と英子は約四ヶ月にわたり筆舌に尽くせないほど世話になった内海家に感謝し、同じオークランド市内サンパブロ街に事務所兼住居を借りて移った。

『日米新聞』の鷺谷社長も最後は帰国したが、在米中は内海家には足を向けては寝られないと、毎年、四月一八日には必ず内海家にお礼に参上したと元に伝えた。

サンフランシスコ大震災は、一方では在米邦人の結束力を示す機会ともなった。ここからは、英子が大学で勉学を開始する、人生の転換期となる。

第四章　学位とビジネス

一　大学での猛勉強、学士、修士取得

カリフォルニア大の夏期講座を受講

サンフランシスコ周辺の日本人対象の生命保険勧誘は、永井保険がほぼ独占状態だったが、市内の住民は罹災者ばかりだったので勧誘どころではなく、当面、火災保険の請求事務に忙殺された。他の保険加入者で米人弁護士に請求を依頼し、既定の半分しか受け取れないなどトラブルが多かった中で、永井保険は「保険証所有者組合」と合同して迅速に請求したため、ほとんどの加入者が全額を受け取ることができ、加入者の満足もさることながら、元《げん》は自分の方針が成功したことに〝大満足〟だった。保険金を受け取った顧客の中には、これを資本として事業を起こし、成功した例も多く、元は自分の仕事がサンフランシスコの日本人社会の復興に貢献できたことを誇りに思った。

このころになると英子は、救援金や物資の要請、礼状を送る仕事も終わり、毎日二人の食事や洗濯

など主婦として家事をこなしていたが、以前からフランス語を学びたいと思っていたので、一九〇六(明治三九)年の七月から加大(カリフォルニア大学)バークリー校の夏期講座で仏(フランス)語講座と英文学講座を受講することにした。ただし、一人では行きたくないというので、元も仕事は夏季休暇にして、特設された保険学の講座を受講した。

バークリーはオークランドに隣接し、加大を中心とするサンフランシスコ湾東岸の学術都市である。英子は夏期講座が終わると、特科生として九月下旬の新学期から仏語学科と英文学科の二学科を受講した。講義にはとりわけ惹きつけられたらしく、英子は熱心に勉強した。元は学生時代に仏語を学んだので、会話の初歩を英子に教えたところ彼女はたちまち上達し、やや複雑な会話では逆に英子が元に通訳するまでになった。

元はバークリーで適当な住居を探していたところ、市の中央部にある繁華街のシャタック街一八三番地の建物二階全部を借りることができた。ここからは英子が大学へ通学するのも、元が永井保険の事務所とするのも都合がよい位置にある。それに、この家は大震災で焼け出されたデュポン弾薬会社サンフランシスコ支店が一時、仮事務所としていたが、他の場所に移転し、その後を家具敷物一式付で借りた。元はデュポン時代の事務所の表側をそのまま永井保険の事務所に使い、仕切りをして裏側を住居部分とした。

ニューヨークに本社があるデュポン社は「戦争の世紀」を象徴する、弾薬など軍需製品のメーカーである。当時でも巨万の富を稼ぎ出す大会社で、二一世紀の現在も世界屈指のグローバル化学会社として発展している。一時の仮住まいとはいえ、大会社の支店長が使っていた立派な大型デスクの革張りの執務椅子に座って、元は子供のように得意になった。

英子は食事や洗濯、買い物などの家事と大学への通学のみでビジネスにはタッチせず、生活費や英子の学費は元がすべて負担した。これは大学を卒業するまでの生活設計として、二人が話し合いできめた約束で、英子は経済的な心配がなくなり、勉学に専念した。

一九〇六年から八年にかけて、元は仙台生まれで日本語ができる加大生のジョーンズと組んで、住宅部分の普段は使っていない広い部屋を教室として麦嶺《バークリー》英和学校を開いた。サンフランシスコでは、アメリカで学ぼうとする日本から来た若者が多くなり、英語習得の需要《ニーズ》が増えた状況をビジネスチャンスととらえたのである。生徒はABCから始めるような初心者が多かった。学校の経営方針は「実力がつくが、授業料も高い」として、当時の相場としては驚くほど高い授業料にした。これがかえって信頼を得て評判となり、常に八〇人前後の生徒が集まり繁盛した。この英語塾からは、のちに医師一人、歯科医師二人、牧師二人、その他地方の日本会幹事や実業界で活躍する人材を輩出し、元は面目が立ったと喜んだ。

一九〇六年の秋から九年の春にかけて英子が大学で在籍した学科はラテン系統の言語を専攻するロマンス語学科で、仏（フランス）語、西（スペイン）語を主として受講した。受講時間は毎週仏語六時間、西語六時間で、なお余裕があったらしく、一九〇八年の春季から伊（イタリア）語の初歩の授業を受けはじめ、秋期には英文学も受講した。当時の仏語の授業では、英子は仏人女性教授マダム・グリーン・リーフからフォネティック（phonetic 音声学）による標準仏語の発音訓練を受け、帰宅してから鏡に向かって声と唇、舌、喉の動きを確認しながら発音を練習した。西語も仏語と同様に発音に重点を置き、スペイン人のブランスビー教授からテキストとしてセルバンテスの『ドン・キホーテ』を学び、暗唱を課題として、洗濯槽の前に本を置き、シーツや下着を洗濯しながら繰り返し朗読した。課題の「ドン・キホーテの演説」の部分は数頁あり、英子は完全に暗記するまで二、三週間を費やしたが、教室で抑揚、語調ともにスペイン人と遜色のない発音で一語も誤らず暗唱し、息をのんで聞いていた教授も学生も思わず拍手喝采した。西語を学び始めてからまだ三年程度しかならないにもかかわらず、スペイン人学生でも容易でない課題を完璧にこなした英子の「異能」ぶりに、彼らは奇跡に出会ったように驚嘆した。

「ザ・スコラー」と呼ばれて

一九一〇年になると、ロマンス語系のほかに中国語や、語学外で理科系の植物学の講座も受けた。学ぶチャンスがあれば逃さず吸収する、すさまじい向学心と集中力である。

他の学生たちがスポーツや遊びなどで勉強のストレスを発散するのを尻目に、すべての時間を「学ぶこと」に集中した。しかしこのような過度の集中は当然、身体の過労となる。

英子は女高師時代から異能の奔流をコントロールできず、才能は非凡であっても、身体は常人と変わらないので、過労に陥って倒れることが何度もあった。中年になってもその性癖は変わらず、テキストや辞書、参考書を何冊も詰め込んだ重いバッグを左手で提げて通学し、その影響で左肩を痛めて終生苦しんだ。幼女時代、子供とは思えない達筆のゆえに村中の標識柱や神社の祭礼幟の揮毫を引き受け、過労で腕が動かなくなり、

「ゑい坊は肩が痛い」

と訴えたころと何も変わらない。とはいえ猛勉強の結果、成績はずば抜けて優秀で、学生はもとより教授たちからもザ・スコラー（The Scholar 学究）として知られた。この四年間で、加大で教授する仏語のカリキュラム（授業課程）のほぼすべてを履修し、西語も三分の二以上の課程をマスターした。伊語その他を加えれば、一〇五以上のクレディット（credit 単位）を得たが、これは卒業に必要な単位数を満たしていた。

しかし夏期講座から選科で学んだ英子には大きな障害があった。加大には、入学試験を経て正規コースを履修しなければ、選科に何年在学しようと成績優秀であろうと学位は与えない規則があり、このままでは卒業はできないことが明らかになった。

英子は元と相談し、彼が在学した須大（スタンフォード大）に交渉した結果、彼女が加大で修得したクレディット（履修単位）をもって本学のレギュラー・スチューデント（本科生）として認めるという通知を受け取り、一九一一年春期から須大に転校することになった。

新学期直前、元は英子とともに大学の所在地サンタクララ郡パロアルトに行き、知人に依頼して借りておいた家に到着した。簡単な生活用品は、バークリーから送ってあり、その日以来新居から通学した。パロアルトは、サンフランシスコの東南約四五キロメートルにあり、金門湾の西岸に位置する大学を中心とする学生の多い町である。懸案が解決して安心した元はひとまずバークリーに帰り、四年間住んだ家を引き払う手配をした。業務用として机、椅子、帳簿類、生活用としてベッドをサンフランシスコの旧居、ポスト街一六一五番富士山館の主人、鈴木宇兵衛あてに送り、その他の家具やこまごまとしたものはバークリーの知人たちに引き取ってもらい、最小限度の生活家財をパロアルトの家に送ってほっとした元は、あらためて空き家になった思い出が詰まった部屋を見て回った。

英子と学んだ四期にわたる夏期講座の日々、後年、各界で活躍することになる生徒を教えたバークリー英和学校の授業を思い出して元は嗚咽し、涙が止まらなかった。

若い学生たちが行き交う大学のキャンパスで、本を抱えた中年の日本人夫婦が並んで歩く姿は目立ったが、元は「あの時が人生で最も楽しかった」と『永井ゑい子詩文』で回想している。

勉強よりも命が大事

サンフランシスコの富士山館では、昵懇にしている主人の鈴木宇兵衛に頼んで部屋を借りて家財を預け、仕事の方は市内に事務所を借りて、元は四年半ぶりにサンフランシスコで保険業務を再開した。仕事の拠点ができたので、住まいはパロアルトの借家で英子と一緒に住み、元は毎日サンフランシスコの事務所に鉄道で通勤し、英子は住居の近くにある須大に通学した。英子の卒業の見通しがつき、元の保険業務も再出発して、二人の家庭生活は順調に見えた。しかし思わぬ事態が、このスイート・ホームを中断する。

新居に移ってから二ヶ月足らずの一九一一年五月下旬の雨の夕刻、元がサンフランシスコの事務所から自宅に戻ると、ドアには鍵がかかっていて、いつも夕食の支度をして待っているはずの英子の姿が見えない。何か起こったのかと心配しながら待っている元の前に、片手には重い本を詰めたバッグ、もう一方の手にはパンや野菜を入れた買い物袋を提げた英子が帰ってきた。雨に濡れ、血の気のない蒼白な顔色に驚いた元が事情を問いただした。

「心配かけてごめんなさい。今日は早朝から予約した教科が続いて、一日中食べていないの。ああ、おなかが空いてペコペコ、目がまわりそうだわ。はやく食事にしましょう」

口調だけは快活そうな英子のことばに、元は愕然とした。彼はかねてから、英子が自分を制御できず、体力以上の仕事を抱え込んで過労に陥ってゆく性格に気がついていたが、その日、英子の疲れ切った様子を目の当たりにして、危機感に襲われた。このままでは英子の生命《いのち》が危ない。とりあえず簡単な夕食をすませてから、元は改めて英子と向き合い、ゆっくりと話しかけた。

「英子ちゃん、話したいことがあるので聞いてほしい。どのような学問も、食わなければ体力が続かず、学ぶどころかいのちが危ない。今日のような無理をすれば身体がもたないことは明白だ。卒業の方法は後日考えることにして、明日、サンフランシスコに引き上げよう。今夜中に大学へは退学届を書いて明朝郵送し、大家さんには明日を期限として家のレンタル契約を解約する。ちょうど黒沢先生のお嬢さんが重病で人手がいるから、黒沢家の手伝いをしよう。とにかく、今は英子ちゃんのいのちを救いたいのだ」

自分の性格がもたらす結果と自覚している英子は、元の提案に素直にうなずいて受け入れた。彼女の須大への転校に尽力し、入学金や授業料としてかなりの金額を払い込んでいる元にとって、退学手続きは努力が無になる辛い決断に違いない。しかし妻の生命を守るために、あえてそれを実行しようとする夫の気持ちに、英子は感謝以外のなにも言葉にすることができなかった。翌日、予定した手続きを終えて、元と英子はサンフランシスコに向かった。

当面の住居は地震前と同様、富士山館の一室とした。食事は旅館で出してくれるので、英子は黒沢家の手伝いと勉強に自分の時間を使い、まだ元の仕事にはタッチしなかった。

サンフランシスコに引き揚げてから、元は保険以外の頼まれ仕事をすべて断り、保険業に集中したので、震災以来減少していた加入数も徐々に回復し、さらに震災で保険の必要を感じた顧客が増えて、保険金の支払い実績が順調だった永井保険は繁盛した。

気がかりだった黒沢ドクトルの愛嬢の容態はついに回復せず、英子が手伝いはじめてからまもなく亡くなった。その盛大な葬儀は、日本人社会の大イベントとして語り伝えられた。

バチェラーとマスターを修得

おなじ年、一九一一年の夏の終わりに、津田仙の知人で英子を幼年時代から知っているというメソジスト派神学校の神学教授ミルトン・ヴェール博士が、サンノゼのカレッジ・オブ・パシフィック（パシフィック大学）で、カリフォルニア大学で既習のクレディットに加えて二学期を在学し、卒業論文と修士論文を提出すればバチェラー（学士）とマスター（修士）を同時に授与され卒業できる制度を適用できるという知らせを、元と英子にもたらした。

寄宿先もカリフォルニア禁酒協会会長ドール夫人の自宅で在学中世話になれるという。元と英子は喜んで応じ、秋期から英子はサンノゼに移って、パシフィック大学に通学した。サンノゼはサンフランシスコから東南約七〇キロメートル、サンフランシスコ湾西南岸に位置する。一七七七年にスペイン軍の補給基地として建設された由緒ある町で、スペイン式にサンホセとも呼ばれる。一八四六年にメキシコ軍を破った合衆国軍が占領、一八年後の一八六四年にサンフランシスコから鉄道が通じた。カリフォルニア州の初期の州都でもある。英子の卒業までの期間は約半年、その間、彼女は一ヶ月に一度はサンフランシスコに帰省し、元も時々土産を持って会いに来た。

手紙は殆《ほと》んど毎日のやうに往復した。

（「米國時代のゐい子（上）」永井元編『永井ゐい子詩文』中篇）

と元が書いているように、互いに書かずにはいられない愛情が感じられる。

サンノゼの生活から二ヶ月目、一九一一年一一月末日曜日の日付で英子が元に送った手紙の一部を紹介する。英子は元を「ホホさん」と呼んでいた。自宅で、離れた場所から彼を「ホホ」と呼ぶ習慣が、いつしか常用になったのである。一方、二歳の姉《あね》さん女房ながら、元は彼女を「英子ちゃん」と呼んだ。英子は快活で、元には同年に思えたらしい。

ホホさん、モウ十日で感謝祭の休みになるのですが、大層待遠《まちどほ》で仕方がありません。今朝湯に入り教會に行くつもりでありましたが、餘り疲れて居眠りをしました。近頃大層ホームシックになりました。ホホさんが來て下さらんければ私が、シチー〔サンフランシスコ〕に行き度いです。そして火にあたり乍《なが》ら共に本を讀んで居たらドンナに愉快だらうと想像して居ます。近頃ビジネスは如何ですか。私が歸つたら書面を書くお手傳ひしませう。今の內に手紙を出す人のリストを作つて置いて下さい。そうしたら歸り次第、すぐ間に合ひます。（中略）終りに毎日朝晩鹽の濕つたタオルで必ず身體をおふきなさい。着物を着替へる時必ずそうなさい。足は毎晩お洗いなさい。霧の深い夜は餘《よ》り外出しないようにして、風を引かぬ様に注意して下さい。サヨナラ。
（「米國時代のゑい子（上）」、（　）内は著者注）

知人の宅に寄宿しているとはいえ、ほかに誰も知らない地で最終学期の勉強と卒業論文の執筆に精励している妻が、なによりも夫の健康を気遣うことばに感動した元は、この手紙を含めて英子からの書簡は大切に保管した。

冬が去り、一九一二年四月二三日、待ちかねた卒業の日を迎えた。純黒の羊革表紙に金色と濃紅色の文字で名前と学位、年月日を刻字した卒業証書、一通はバチェラー・オブ・アーツ（語学文学士）、もう一通はマスター・オブ・アーツ（語学文学修士）で、いずれもロマンス語の学位である。授与された証書を、二人はそれぞれ両手で掲げて眩し気に仰ぎ見た。一九〇七年秋から英子が加大で講義を聴きはじめたころは、ただ学びたい一心で卒業は意識しなかったが、こうして卒業証書を授与されてみれば、人生のある時点の区切りを示すにふさわしい記念碑とも思われた。とりわけ、最愛の夫、元の渾身の支えと尽力なしには、今日の成果はありえなかった。英子は元に抱きつき、耳元でささやいた。

「ホホさん、ありがとう。これからはお礼奉公のつもりで、ビジネスをお手伝いしますよ」

之《これ》が私の保険業を彼と共同でする端緒であった。

と元は語っている。それは英子のビジネス感覚を、社会に目に見えるかたちとして開花させる舞台ともなった。

なによりもまず、英子は故郷の母なほに吉報を送った。なほからは高齢とは思われない風格のある毛筆書面で喜びの返事が到来、元にも懇切な感謝のことばが同封されていた。

この一ヶ月前の三月三日に、なほは八八歳に達したので、親戚や旧知の人々が集まって米寿の賀宴を開いた。親族の一人である松本小太郎老人は、米国にいる英子のために大がかりな寄せ書き詩文集を企画し、数年前からこの日のために、英子を知る名士に和歌や書画の揮毫を乞い、大冊『米寿集芳帖』に仕上げた。英子と元を含めて記帖された三六人のなかでも、とりわけ、かつての英子の上司で華族女学校教師時代の学監下田歌子や毎日新聞記者時代の社長島田三郎、それに津田仙の娘で終生の友人津田梅子ら歴史的人物の名が目を引く。

下田歌子　千代はまだ麓なりけり大空のみどりにつゞく岸の松原

（注）華族女学校時代の学監。のちに実践女学校（現実践女子大学）の創立者

津田梅子　The best is yet to be.（筆者訳「いとよきは更なる長寿」）

（注）わが国最初の女子留学生。女子英学塾（現津田塾大学）創始者

高峰譲吉　樂　壽
（注）応用化学者・事業家。アドレナリンの実用化により帝国学士院賞受賞

島田三郎　紅霞白雲淸風明月皆是天地自然之文
（注）前衆議院議長、元毎日新聞社長、社会改良家

家永勝之助　永保無彊壽（祖母上の八十八歳の長壽を賀す）
（注）英子の実子。三年後に英子の依頼で、祖母なほの臨終まで看病した

松本なほ子　孫も子も老をやしなふ一筋に心の花のうつくしきかな
（注）英子の母（幕末期、農民の娘に「子」の記名はないので維新後の称）

永井ゐい子　眞心のこもれる友のほき事をいかに嬉しと老や見るらん
老の身も昔の春にたちかへり嬉しとや見ん言の葉のはな
幾千度重ね重ねて萬代もいませや今日の米を始めと
（注）永井英子。戸籍旧姓名は松本ゐい。米国から元とともに歌稿郵送

永井　元　とことわに幸さわなれと祈るなり知るも知らぬもこゝに集ひて
（注）英子の夫。サンフランシスコで保険代理店「永井保険」経営

二　詩文で保険勧誘、新商法ダイレクトメール

夏期学校の開催

一九一二年、日本では明治天皇が崩御、時代は大正に移った。英子は四六歳、元は四四歳で、ともに働き盛りである。大学を卒業した英子は元《げん》の保険業の見習いを始めた。日露戦争が終結して七年が過ぎ、サンフランシスコの日本人社会も単純労働力を売り物にした移民世代から、技術や経営力など総合的な実力向上の時期に移った。これまでひたすら働くだけで結婚もできなかった世代が努力の結果、蓄えもできて余裕のある暮らしができるようになったのである。にわかに世帯や家族が増え、彼らは将来の生活や人生設計を考えるようになった。

其《か》る場合に生命保険、火災保険は最も時宜に適した業務であつた。

（「米國時代のゑい子（上）」）

という元の言葉通り、保険業にとって、絶好のタイミングを迎えた。大地震が教訓となった火災保険、事業の経営者、家庭の主人の責任を保証する生命保険の重要性に加えて、個人の老後の生活を支える養老保険は、繁栄と安定を求める時代の要請である。これまでは社会全体に保険に対する理解が乏しく、将来のことなど考える余裕もない人々に保険業者としての元は新規開拓に苦労したが、よう

やくその努力が報われる順境のときが来たのである。

永井保険は前年の冬からオークランド、アラメダ、バークリーなど、サンフランシスコ湾東まで営業範囲を拡大し、営業戦力としてシアトルから来た有能な保険外交員が期間契約で働き、次々と契約数を伸ばしていた。そこに保険業の経験こそないが、明らかに商才がある英子が加わり、事務所は活気づいた。

七月になると、小学校はどこも休みになる。裕福なアメリカ人市民は家族で旅行にでかける場合が多いが、勤倹な日本人家庭ではまだそのような習慣はなく、行くべき場所も目的もない多くの子供たちは、道路のサイドウオーク（歩道）で群れをなして遊んでいた。そこには力関係による子供なりの小社会が形成され、しばしば不良化も生じた。それを見た英子は、サマースクール（夏期学校）の開催を思いついた。保険の業務はいまのところ見習い中でまだ実戦力までにいたらず、学校開催作業に加わる余裕はある。英子はサンフランシスコ・ラグナ街にあるリフォームド（改革）派教会の森　淳《じゅん》吉《きち》牧師と教会員に夏期学校の目的と実行方法、この種の教育の必要性を説明し、開催を提案した。森牧師はじめ教会員全員が即座に賛成し、礼拝堂の階下にある談話や食堂に使われている広間を、夏期学校の教室にすると決まった。この建物には桑　港《サンフランシスコ》日本人会の事務所もあった。

「せっかくの夏休みなのに、わざわざ学校をつくって何を教えるのかね」

当時サンフランシスコの日本人社会には、夏期学校についての認識はほとんどなかったので、当然このような声が多い。英子は設立役員として一軒ずつ子供のいる家庭を訪問し、子供の不良化防止やおはなし会の教育効果などを話して両親を説得し、承服させた。

子供が多い家庭が多かったので、朝になると戸口から声をかけ、大勢の子供たちの手を引いて教場へ連れてゆき、帰りも同じように手を引いて、それぞれの家に送り届けた。

夏期学校に賛同する女性たちが教師役をつとめ、授業では日本のおとぎ話や英雄物語、あるときは怪談などを演じて子供たちを楽しませた。ときには子供たちに全員参加として歌を教え、みなで手拍子を打って歌い、楽しんだ。約三週間の夏期学校期間はたちまち過ぎて、子供たちから名残を惜しまれながら閉校した。最初は半信半疑の両親たちからも予想以上の効果に感謝の声があがり、英子は発案者として満足感を覚えた。彼女はふと、毎日新聞記者時代に、貧民街の子供たちを引率して、鎌倉や江の島めぐりをした情景が脳裏をよぎり、たとえ時代や環境は違っても、子供たちが挙げる喜びの声は変わらないと遠い日の思い出にふけった。

リフォームド教会としても、サンフランシスコで日本人社会最初の夏期学校を開催したモデルケースとして模範を示すことができ、今後の伝道に誇りと自信をもった。

時代の波に乗って営業拡大

夏期学校が終わったころ、元は永井保険の営業範囲の拡張を計画していた。一人で勧誘できる地域はほとんど回りつくし、相当の成果を収めたとはいえ、今後は現状維持以上の契約実績は望めない。彼はサンフランシスコの東北一二〇キロメートルの位置にある、カリフォルニア州の州都サクラメントを新開拓地《ニューフロンティア》ときめた。一八四八年の金鉱発見によるゴールドラッシュで急速に繁栄したこの都市は、一八五〇年に、サンノゼから州議会議事堂を移し、サクラメントが州都になった。一見、サンフランシスコが州都のように思えるが、サクラメントはカリフォルニア大平原のほぼ中央にあり、西部の港都サンフランシスコから東部諸都市をつなぐ大陸間横断鉄道と北部のシアトルから南部の大都市ロサンゼルスを通る南北の鉄道が交差する交通の要所である点をみれば、州都であるのは理にかなっている。

もちろん保険事業拡大の地としても大きな要地で、この時から元の保険業に参加することになる英子の初舞台となった。季節は夏の後半で、内陸部のサクラメントは猛烈な暑さ、海風で比較的涼しいサンフランシスコから来た二人には耐え難かったが、二人とも四〇代の働き盛りでこれからの仕事への期待もあって意気軒昂だった。サンフランシスコを出発するとき、市内の万屋《よろずや》（百貨店）の勝間支配人がサクラメントの三越系万屋の加藤英重《ひでしげ》支配人あての紹介状を書いてくれたので、情誼に厚く同胞意識がつよい当時の風潮もあって、加藤はまず市内第四街の日本人旅館を拠点として紹介するなど、「十年の友の如く」元《げん》夫婦を懇切に世話した。元は感謝してここを滞在中の営業本部と定め、旅館の玄関に「桑港永井保険仮事務所」と英子が筆太に書いた看板を掲げた。翌朝早く、英子は黒革製の書類鞄を肩から脇に掛け、長さ一メートル弱の紫地の布に金糸で「The New York life insurance Co.（ニューヨーク生命保険会社）」と刺繍した細長い二等辺三角形のペナント（幟《のぼり》）を担いだ出陣姿《いでたち》で玄関に立った。

元は「永井ほけん」と刺繍した幟をもち、市街の通りを人々に英子が英語で、元が日本語で呼びかけながら、チンドン屋のように二人で練り歩いた。

「みなさん、ニューヨーク生命の永井保険がまいりました。生命保険、火災保険、養老保険に加入して、生命《いのち》と財産を守りましょう」

道路の両側は立ち止まって眺める歩行者、何事かと家から出て見る住民で一杯になった。

「ああ、保険屋の宣伝隊か。しかも、日本人の男と女だぞ」

この珍しい光景に新聞社のカメラマンが集まって盛んに撮影し、宣伝パレードはたちまち市中の評判になった。一方では、加藤支配人が地元の日系新聞社『櫻府《おうふ》（サクラメント）日報』に手配して、その日の夕刊に「保険大募集」の広告が大きく掲載され、米系新聞各社も写真入り記事を掲載した。これらマスコミ・メディアの応援が絶大な効果をもたらし、その夜から仮事務所には続々と加入を申し込む客が訪れ、この状態は宣伝期間中続いた。

宣伝活動は数日で終了し、結果は大成功だった。とりわけ、英子は「女性軍団遠征の勝利よ」と、女性が参画したビジネスの成功を心底から誇り、「大得意になった」と元を面白がらせた。事実、英子の奮闘がなければ、これだけ話題になり契約を得ることはできなかっただろうと元も同感だった。宣伝期間中、大いに世話になった加藤支配人も、助力の甲斐があったと喜んでくれた。彼は後に帰国し、三越本店営業部の要職についたと言われる。

ユニークな営業宣伝活動

サクラメントの中心部につづいて、近郷のウッドランドを回った。この地域も加藤支配人が管轄する百貨店の営業勢力範囲で、新聞広告その他の手配が効いて契約獲得は大成功、次いで日本人の模範農園地域であるフロリンに入り、土地の有力者玉川氏の口利きで一時に十数名の加入申し込みを獲得した。予想をはるかに上回る成果に、元は英子と抱き合って喜んだ。

これらの近郷地への交通はアスファルト舗装の道路は通じているが、当時は自動車は富裕階級の乗り物で一般市民は馬車を使う。元はステーブル（貸馬車屋）で馬車を借りて自分で手綱をとり馬を操った。現在の自動車の運転と同様だが、意外にも英子は馬を操るのが好きで、直線の舗装道路をゆくときは元と交代して巧みに手綱を捌《さば》き、馬を進めた。馬も帰り道は覚えていてまっすぐに歩く。緑の街路樹が続くアスファルト道路を、馬蹄と鉄輪の音を勇ましく響かせながら、英子は横浜時代、デヴィソン宣教師と讃美歌を翻訳していたころを思い浮かべた。黄昏《たそがれ》時の街路を、華やかに正装した西洋人のビジネスマンやその夫人が晩餐の場所に向かう馬車の響き、彼女にとって、あのころのアメリカは手の届かない遠い存在だった。一瞬、三〇年の歳月の感慨が脳裏をかすめたが、旅館に帰って入浴し、夕食のあとその日の成果をまとめると、人生の楽しさがこみあげてきた。元も「今思い出しても愉快だ」と回想している。

宣伝営業の旅は一〇日ほどで終わり、二人がサンフランシスコの事務所に戻ると、元が信頼する保険外交員が、二人の留守中に郵便で到着した契約申込書の山を手際よく分類整理したので、仕事はスムーズにはかどった。

タイミングのよい宣伝企画と行動力の結果、ニューヨーク生命保険会社はシアトル、サンフランシスコ、ロサンゼルスを統括する太平洋岸本部の本部長評価として、サンフランシスコ支店管轄の代理店永井保険が「顕著な成績を挙げた」と称賛した。

この時期の永井夫妻の暮らしは、通りに面した建物の一階一五坪ほどの部屋を借りて衝立で半分に区切り、表側を事務所としてバークリーから運んだ旧デュポン社重役の大机と椅子、タイプライター、電話、それに契約書のファイルを収納する書棚を置き、ここで保険申し込みの受付や保険会社から担当医師が来て加入者の健康診断を行い、裏側を居住区域としてベッドを置く「職住同居」の簡易生活であった。掃除なども家主がしてくれ、食事も運んでくれるので、二人はひたすら仕事に集中した。

英子はここでも学校時代には片時も本を手離さなかった「一意専心」の性格を発揮し、保険業に全力をあげて「のめりこんだ」と形容するほかないほど、寝ても覚めても保険一筋だった。ときおり、「タマ・イデ」時代を知る新聞社から執筆依頼があり、その時は寸暇を割いておもに教育問題や社会問題をテーマにした評論を書いた。

二人が相談してきめた経営方針は「頭を使え」という節倹合理主義だった。自動車は一切つかわず、従って「外回り」はほとんどしない、「頭を以て足を助けよ」という西洋のことわざをとりいれた方針である。訪問勧誘など従来の方法を見直し、潜在的戦力である二人の知識や文章能力を保険勧誘に活用する。これまでの実績と信用で築いた知名度をベースに、具体的には業界でもはじめての郵便活用による「ダイレクトメール広域営業戦略」を行った。

思えばサクラメント遠征が、かれらにとって最初で最後の「大外回り」となった。ダイレクトメールの手始めとして、まず、迅速に印刷できる専用の印刷設備が必要である。簡易印刷としては、これまでミミオグラフ（謄写版）があるが、昔の木版刷りと同じ手順なので手間と時間がかかる。そこで発売されたばかりの輪転式ミミオグラフ「エジソン・デッキ」を購入し、鉄筆で文字を書き込んだ版下を即座に印刷して封入、迅速に郵送するシステムを作った。

宣伝文も個人向けと一般向けそれぞれに適する「殺し文句」を使った。

郵便による個人あての勧誘は、あたかもその人に語りかけるように親しみをこめて。

新聞広告による広範囲の勧誘は、生活設計と人生を保証する保険の安心感をアピール。

宣伝方針は元が提案し、文章は日本語文、英語文ともに英子が担当した。文面は保険の勧誘であるのは当然だが、保険を通じて社会や人生の啓蒙も意図したため、読者を楽しませた。

さらに新聞の宣伝広告を見た人がその直後に自分あてのダイレクトメール文を受け取ると、とりわけ親近感と保険の必要を感じる、ベテランの元でも思いつかない心理的効果があった。

当時の英子の精力的な活動を、元は賛嘆のことばとともに具体的に語っている。


其頃のゑい子の精魂《せいこん》、氣魂は驚くべき程で、五號活字大の細かな文字を一々鐵筆で半紙一枚程に書き、版下を作つてこれを鮮明に印刷した。今でも標本として殘つて居るが、之を見るもの誰れも敬服しないものはない。

（「米國時代のゑい子（上）」）

これらダイレクトメールの種類は、永井用引札（チラシ）、永井用端書《はがき》（現代のはがきではなく、封筒に書簡を入れた封書）、永井用パンフレット、その他新聞などを『永井ゑい子詩文』中に「保険禮《らい》讃《さん》」としてまとめられているので、その宣伝文の一部を紹介する。

十年談片

（前八行略）

人世《じんせい》は百年、十年廿年の計畫は文明人の爲すべきことぞ。八十の老人が子孫のため果樹を植ゑたるためしあり。殖民地同胞は兒童養成又は眷族《けんぞく》保護のため特に貯蓄的生命保險の要あり。

完全なる事業には少くとも十年廿年の經驗を要す。

短氣なる同胞はアングロサクソンの倦《う》まず撓《たゆ》まぬ豪氣に鑑《かんが》みざるべけんや。

（一九一二・五・一、「永井用引札」）

英子十二箴《しん》

一、義務を盡《つく》さんとせば先づ拂ふべき金を拂へ。

二、盜みたる金はなほ償ふべし。浪費せしめたる時間は補ふの途《みち》なし。

三、爲さずともよきを爲せば、爲すべきことを爲す能はざるに至る。

四、一日《じつ》の事をするに急なるものよりせよ。百年の計とするに近きを忘るゝな。

五、無益の交際は冗費の基《もとゐ》となり、有益の友は生涯の命となる。

六、贅澤物を欲せば苦勞の年を迎へ、質素を旨とすれば安樂の日を送らる。

七、一家を保つに必要物の外を省け。一國を治むるに適任者のみを用ひよ。
八、機は一生に一度よりなし、これを逸《いっ》せばまた捉《と》らへ難し。
九、文明人は十年の後《のち》を慮《おもんぱ》かる。
十、行くとして達せざるなく、爲さんとして成らざるなし。
十一、恐るべきは疏通《そつう》せざる意志、思慮なき計畫、無智の大望《たいまう》。
十二、放埓は身の禍《わざわひ》、保險は家の寶《たから》。

（一九一二・一二・一二、「永井用端書」）

物事のタイミングを重視する英子は「英子十二箴」の発行時期を一二尽くしとして、歴史でただ一回経験する西暦一九一二年一二月一二日正午一二時に印刷を完了した。

場面はがらりと変わって、次の「豊年滿作の歌」は、子供を中心とする軽妙な保険奨励ファミリー・ソング。「長い壽命《じゅみょう》を保《も》ちたけりゃ、永井保險に限ります」が、音楽にたとえれば英子作品のコマーシャル・ソングに一貫する変奏曲のテーマ旋律となっている。

豊年滿作の歌

ことしや豊年滿作で　町《タウン》もキャンプも大景氣　ポテト、オニオン山とつみ
葡萄《ぶどう》、アップル、桃、李《すもも》　畑《はた》に野菜も青々と　グリンハウスに花盛り

黄金色のオレンヂや　眞赤ないちご、大トメト　冬のあしたや夏の夜も
汗にうるほす田畑《でんばた》や　うまず撓《たゆ》まぬ働きに　收獲高《とりあげだか》もうづ高く
こがねの山やしろがねの　中にニコ〱全家族　パパさんママさん始めとし
市民權あるチルドレン　お乳くわへたベビーさんも　夜食《デナー》の机とりまいて
小犬《ポビー》も小猫《キテー》もお相伴《しょうばん》　皆うまさうにたべてゐる

おなかもふくれたパパさんは　ポケツの中に手を入れて　やがて取出す狀袋
パパさんそれは何《なん》ですか　之《これ》はみんなにおみやげよ
いつもの玩具《おもちゃ》ぢやありません　たつた一つの紙ですが
ほんとに大事なものですよ

ぼうやが大きくなつてから　大學校にはいる時　孃やがお嫁に行《ゆ》く時も
ベビーさん畑《はたけ》を買ふ時も　一番たしかなお金です　一番貴《たふ》とい寶《たから》です
ごらんよこれはパパさんが　はいつた保險の證書です
來年丁度收穫時《クラツプどき》　澤山はいる其《その》金を　むだにしないでたいせつの
ほけんへきつとかけましやう　これを大事にしておいて　大黑柱搖《ゆる》がずに
一家繁昌千代までも　さかゆる基《どだい》をするゑましやう

ママさん嫣然《にっこり》ベビーまで　坊やも嬢やも手を叩き
そんないゝもの何ですか
これは世界で一番の　富と力をつみ上げて　日本は勿論《もちろん》全世界
何處《どこ》へ行つても支店ある　養老保險の會社から　もらつた大事の證書です

『ほけんに入るならニウヨルク　養老保險に入りなさい
永い壽命を保《も》ちたけりや　永井保險に限ります
一家の繁昌願ふなら　明日とは云はず今日直ぐに
手紙はポストの一六一五　電話はウエストの五七四五』

みんなが萬歳萬々歳　ポビーも共にワンワンワン

（一九一三・八、「永井用端書」）

イベント期間大募集の「紐育養老保険六月大募集」の宣伝や、よく知られている軍歌の替え歌「保険軍歌」、躊躇を戒める「保険と決断」などのダイレクトメールと並行して、広告では一九一七（大正六）年六月四日から一ヶ月にわたってサクラメントの新聞『櫻府日報』に掲載した「諸物価高騰！一刻も早く養老保険を」がある。

急げ保険を

明日ありといひにし人は果敢《はか》なくて殘るは悔の涙なりけり
『あ丶なぜ早く保険をつけておかなんだか』……（遺族の言）
思ひ立つ今日こそいともよき日なれ保護こふ道をとく求めばや
『種々《いろいろ》金の出ることがあるが生命保護を第一にしよう』……（思慮深き人の言）
この保護法《みち》をとりしは去年《こぞ》と思ひしが月日は滿ちて今日のたまもの
『養老保険滿了で、目出度《めでたく》受取る元金《げんきん》と澤山《たくさん》の利益配當、あ丶嬉しい萬歳々々』
美《うる》はしき保護《まもり》求むる眞心《まごころ》の花や榮ゆる果《み》を結ぶらん
『一家繁昌長壽の基《もとい》は實《じつ》にこの養老保険の外《ほか》にありません』

（一九一四・六　紐育養老保険六月大募集に際して）

保険軍歌

Insurance March

危險の多い世の中に　保険をつけぬは愚の至り
事のないうち安全に　保護して進めわが同胞《とも》よ
無謀なる勇は勇ならず　用心専一知惠ぞかし

養老保険、火事保険、病傷保険もあるぞかし
身體はじめ家具すべて　保険の鎧兜《よろいかぶと》つけ
火事にやけてもやけぶとり　死んでも只は死なぬぞよ

無駄の費用はさつと去り　五仙《セント》拾《じふ》仙拾五仙
積みて保険の武器買へば　無病息災繁昌す
よきことは思ひ立つたら直ぐにせよ　一日待てば一生の損

（一九一六・七、「永井用はがき」）

保険と決斷

一分遅かつたので汽車に乗り遅れ
一時間の違ひで親の死に目に逢はず
一日延ばして一生保険に入り兼ね
一月《ひとつき》一年と過ぎてとう〳〵大病にかかり、地獄からお迎へが來た
モウ泣いても笑つても仕方がない
保険には猶豫が大禁物！

何を置いてもすぐはいりなさい

（一九一七・九、「永井用パンフレット」）

新聞広告の文面　『諸物価高騰！一刻も早く養老保険を』

諸物価暴騰！　養老保険も日増に高くなる、今の内に早く紐育《ニューヨーク》養老に入り給《たま》へ、桑港《サンフランシスコ》ポスト一六八五。

『保険に入るなら紐育《ニューヨーク》、養老保険に入り給へ、永い壽命を持ちたけりや、永井保険に限ります』此《この》歌を朝晩唱ふれば必ず御利益あり。

（『櫻府《おうふ》日報』一九一七・六・四から一ヶ月間掲載）

一九一七年ごろ、カリフォルニアで死者まで出る流行性インフルエンザ「フルー病」が蔓延したとき、すかさず永井保険が出した新聞広告はタイミングよく読者の不安な心理をつかみ、毎日欠かさず数人の申込者が来店して、同業者からも元は「さすが永井保険だ」と称賛の手紙をもらった。フルーを広告に取り入れるアイデアと文案は英子の発想で、一方ではこれを強調する目的もあって、元は事務所をアトマイザー（噴霧器）で消毒し、これが広告文を科学的に裏付けるデモンストレーションとなって保険契約数は全米代理人中でトップグループに入った。広告の文面は啓蒙調だが、掛詞《かけことば》と会話調で親しみの中に説得力が感じられる。

日々日本人の葬式の絶えない桑港《サンフランシスコ》で、永井から保険をつけた多数の人は一人もフルーにも罹《かか》らず死にもしない。丈夫で達者で居たけりゃ永いきをする縁起のよい永井から保険をつけて置きなさい。

三　栄誉ある「二〇万ドルクラブメンバー」に

大会への旅で垣間見たアメリカの深奥

永井保険の代表者である元が代理人をつとめているニューヨーク生命保険会社は、代理人奨励法として一年間の募集契約額が一〇万ドル以上になれば「一〇万ドルクラブメンバー」、二〇万ドル以上では「二〇万ドルクラブメンバー」として、代理人をランク付けして待遇していた。現代との金額換算比較はともかく、全米で同社の代理人約八〇〇〇人中、二〇万ドルクラブメンバーは二〇〇人前後で上位二・五パーセント、当時、最高の順位だった。容易には到達できない、栄誉あるメンバーである。会社はニューヨークの本社に続いてその年の顕彰大会に当メンバーを家族とともに招待して顕彰し、ついで名勝地に案内して接待慰労するのが恒例だった。

一九一三（大正二）年六月末日、会社の会計年度末の決算で、元はカリフォルニア州の日本人代理人で初の二〇万ドルクラブメンバーとして認定された。「米國時代のゑい子（上）」に、「二人の勤勉

米国東部旅行中の英子（右から２人目）、右は夫の元
1913（大正2）年、47歳

努力は報いられて」と、元は感慨をこめて記述している。九月には、ウエストヴァージニア州ハットスプリングスで開催される大会に二人は招待され、大陸間横断鉄道で途中、ロッキー山脈東側コロラド州の州都デンバーやミシガン湖南端の大都市シカゴで下車した。シカゴは英子にとって複雑な思い出の地だが、今回は往時を偲ぶ時間の余裕がないビジネス旅行に等しく、数人の新規契約者を獲得しながらそれぞれ三日ほど滞在し、第一目的地のニューヨークに到着して会社が指定する招待本部に集合した。元はこのとき、英子の提案で作った『ニューヨーク生命保険加入者写真帳』を土産として会社に提出した。

　メンバー一行はニューヨークから会社が用意した特別列車で風光明媚なオハイオ＝ウエストバージニア線に乗り、車窓から移り変わる眺めを楽しんだ。

元は故国の思い出を重ね合わせながら、このときの感想を興奮した美文調で述べている。

此途中の景色は絕佳《ぜつか》にて、列車は綠樹欝蒼たる山麓を走り、白布《はくふ》を晒すが如き大溪流に小《こ》蒸気船の長き水脚を殘して過ぐるを眺め、宛然《さながら》利根《とね》の岸邊《きしべ》を往《ゆ》くが如き趣きがあつた。

（「米國時代のゑい子（上）」）

さらにかれらを驚嘆させたのは、アメリカの富を凝縮させたようなハットスプリングスでの豪華なホテルであった。それはカリフォルニアを代表するデルモンテ・ホテルも比較にならない規模で、海抜八〇〇メートル余の山上にある広大な敷地に数百の客室、随所に温泉が湧き、夏は涼しく冬は暖かと、観光地として理想的な環境である。スポーツ施設はプール、ゴルフ場、テニスコート、乗馬場、ホテル専用食材として新鮮な牛乳、野菜、鶏卵などを供給する牧場、農場、屋内施設ではダンスホール、催事を行う集会場、静かな読書室、談話用のロビーなど、大ホテルにふさわしい施設が至れり尽くせりで備えられていた。元と英子は一行とともにこのホテルに四昼夜滞在したが、男性客にはサーヴァント（従僕）、女性客にはレディメイド（侍女）が一人ずつ昼夜付きっ切りで入浴から衣服の着替え、部屋の出入りまで召し仕え、食堂で元と英子が食事をする際には、制服姿のウエイターがそれぞれ傍らに一人ずつ直立して御用を待つなど、まさに王侯貴族のもてなしに、不慣れな二人は恐縮する以上に監視されているように感じて困惑した。

ホテルの大会議場で開催された「二〇万ドルクラブ大会」では、全米八〇〇〇人の代理人から選ばれた二〇〇人の二〇万ドルクラブメンバーとその家族が列席したが、日本人メンバーはシアトルの代理人内村啓三とサンフランシスコの元の二人だけで、かれらの先駆者としての有能さが目立った。会社側役員席にはキングスレー社長以下取締役たちが居並び、演説に指名された元は起立したが、背が低いので巨漢ぞろいの米人の間に隠れて姿が見えにくく「椅子の上に立て！」と野次が飛んだ。元は緊張して用意した言葉を発した。

「このたび私がこの大会に出席できた名誉は、ひとつとして私が受けるべきものではありません。受けるべきものの第一はカリフォルニアで実力を増大した日本人社会、第二は規模が大きくよく知られている会社の信用力、第三は西部沿岸支店長ウィケット氏の奨励指導力、そして第四はここにいるマイワイフ英子のビジネス力です」

雷のような拍手が沸き起こる中、ウィケット沿岸支店長が元の前に立って握手を求めた。

「私の仕事を高く評価してくれてありがとう」

元が英子を見ると、キングスレー社長夫人はじめ大勢の取締役夫人たちに取り巻かれて談話の花が咲いている。社交に慣れている英子は一人一人に笑顔で応対して、夫人たちから「ベリーワンダフル！　リツルチャーミングレディ」と口々に褒めそやされた。

一方、元が提出した英子提案の『保険加入者写真帳』は、社長はじめ経営幹部がグッドアイデアと称賛し、本社から写真に掲載された加入者全員にお礼状と、キングスレー社長のサイン入り写真を送付した。予定の行事が終わり、現地解散でメンバーたちはそれぞれの根拠地に帰った。元と英子はサンフランシスコへの帰途、国都ワシントンの日本大使館に立ち寄り、かつてサンフランシスコ総領事のときに面識がある珍田駐米大使を訪問して、互いの活躍を喜び合った。大使がパリで日本大使館書記官勤務の経験があると聞いた英子は、私もフランスに行ってみたいと言い、自然に話題はフランス語に移った。

大使は自分もフランス語を勉強しているが、今パリで暮らしている幼い孫が、「おじいちゃんのフランス語はへんだね」と酷評するのでがっかりだ、年を取ってからの外国語はむつかしい、と打ち解けた雰囲気であった。ハットスプリングスに行ったと聞いて、大使は羨ましそうな表情を見せた。

「あそこは大富豪の保養地だ、四日間も滞在したとはよい経験をされた」

大使館を辞した二人は、ヴァージニア州マウントバーノンに保存されている初代大統領ワシントンの旧居を訪れ、質朴剛健の気風を漂わせた邸内の芝生に建立された夫妻の墓に詣でた。強い感銘を受けた英子は、六年半後の一九二〇年四月、『在米婦人新報』に「国父の遺跡を訪ふ」と題する一文を寄せ、文末に短歌一首を添えている。

國父の墓前にて

とこしへに國の父とて仰《あふ》がるゝ昔の人の慕はるゝかな

（「米國時代のゑい子（上）」）

帰途は南部回りのコースをとり、ルイジアナ州ミシシッピ川河口にあるジャズの発祥地ニューオーリンズに一泊、メキシコ湾の入江にあたるブレントン湾で採れた名物のオイスター（牡蠣《かき》）を賞味した。西海岸へ向かう列車はテキサス州、ニューメキシコ州、アリゾナ州を通過し、ようやく南カリフォルニアの大都市ロサンゼルスに到着したが、ここでも元の友人二十数名が盛大に二人の歓迎会を開いてくれた。初めての大会への旅は、二人に強烈な印象を残すとともに、二人で協力してつかんだ結果が多くの人々に認められた喜びをもたらした。

言語に絶する忙しさ

合衆国を一周するような鉄道旅行から帰って、さすがに疲れが出たのか、翌一九一四（大正三）年と一五年は一〇万ドルクラブにとどまった。とりわけ、一五年には事務所を転居したこと、英子の母なほ子が九一歳の高齢で亡くなったことなどで、英子と彼女を支える元も思うように活動できなかった時期である。しかし、やがて体力を回復した二人は一九一五年後半から以前にもまして働くようになった。毎日到着する日文、英文の書類の山にアテンド（対応）し、昼間は二人で「外交」（保険勧誘）に回り、夜は事務所への来訪客に応接し、その後当日受信した文書の返信を認《したた》め、就寝時間は毎夜一時過ぎになった。二人とも、寝ても覚めても保険のこと以外は脳裏になかった。元は当時を次のように回想している。

その多忙なること言語に絶した。よくあれで體《からだ》が續《つづ》いて居たと思ふ。

多忙のおもな原因は火災保険業務にあった。サンフランシスコ大地震で、元は守り通したタイプライターを使っていちはやく保険会社から火災保険金をほぼ満額顧客に支払った信用がものをいい、勧誘をしなくても顧客から次々と加入を依頼される恵まれた状況にあった。最盛期には、年間契約高が火災保険だけで数十万ドルを計上した時期もあった。

ただ火災保険は時間との勝負で、一分の差で被保険者に損害を与えることがある。それが多忙の要因ともなるため、元は英子のアドバイスを容れて火災保険業務は信用のおけるアメリカ人同業者に委託することとし、過労状態《オーバーワーク》を何とか解消した。

経営のスリム化を指針《モットー》として人は雇わず、他の代理人のように自動車も持たなかった。どうしても必要な場合に備えて、近所のハイヤー（運転手付きの貸自動車）店「パナマ自動車」と契約し、電話一本で利用できるようにした。そのかわり、前出のように新聞広告やダイレクトメールには出費を惜しまず、広告の要旨は元が立案し、文才と商才に恵まれた英子が募集状況に合わせて縦横無尽の勧誘文を執筆掲載した。その効果は絶大で、合衆国全土はもちろん、カナダやメキシコからも続々と契約申し込みが寄せられた。一時は一〇万ドルクラブに下がった成績ランクもたちまち持ち直し、一九一六、一七、一八、一九年と四年続けて二〇万ドルクラブメンバーを維持した。その都度、クラブ大会の招待があったが、多忙な日常や留守中の準備、帰ってからの後始末、それに長途の旅行による疲労などを懸念してその都度断っていた。一方、世界は一九一七（大正六）年の二月、アメリカがドイツと国交を断絶、四月には宣戦を布告した。第一次世界大戦の勃発である。世界情勢の変化に、大会の継続を懸念した元と英子は、できるだけ出席できるよう算段をした。ひとつには、保険契約時の特典が米人と日本人との間に差別があり、最近の日本人社会の実力向上を理由にこの差別をなくして平等にするよう日本人代理人が結集して会社の社長はじめ経営幹部に申告するという目的があったからである。一九一七年九月、二人が最後に出席した大会は、東部北方大西洋岸のコネティカット州ニューロンドンで開催された。四年前にはニューオーリンズを経由した南周りで帰ったので、今回はネバダ、ワイオミング、ネブラスカ、アイオワの諸州を横断する中央部横断鉄道でシカゴに至り、そこから東北に四〇〇キロメートルの工業都市デトロイトでフォード自動車工場の有名な大量生産システムを見学、五大湖の東南側エリー湖からカナダ国境にかけて展開するナイアガラ大瀑布を見た。ニューヨーク州に入ると、州都オルバニーからハドソン川を汽船で下り、ウエストポイント（陸軍士官学校所在地）を通過してニューヨーク市に到着した。

四ヶ月前の五月には、米国政府は全国から兵士の徴募、六月には自由公債三〇億ドルを募集し、二人の旅行中の沿線各地は兵営の建築、飛行訓練場の建設など昼夜兼行の工事でごった返していた。ニューヨークではすでにフランスに出発した第一軍に続いて第二軍数万人の義勇兵の隊列が、市民の意気軒昂の絶叫、翻る無数の星条旗と軍楽隊が演奏する勇壮なマーチに送られて、輸送船が停泊する港へとメインストリートを行進した。

元と英子はニューヨーク本社の大会本部で各地の日本人代理人たちと合流し、鉄道でともに大会開催地コネティカット州ニューロンドンに向かった。この地はニューヨークとボストンのほぼ中間にある海岸の町である。宿泊場所は町からニューテームズ川を隔てた対岸にある、戦時を意識して前回とは比べものにならない素朴なホテルである。河口には前年、ドイツの潜水艦が警戒線を突破して物資を荷揚げした、戦場の雰囲気が漂う北大西洋が広がる。

集まった日本人代理人はシアトルの内村啓三、ロサンゼルスの渡邊松三、サクラメントの武田正夫、サンノゼの木村敏雄、ハワイの林辨蔵、それにサンフランシスコの永井元夫妻で、かれらはホテルの会議室で、会社の社長及び取締役会に申請する長文の英文議決書を書いた。文案はあらかじめ元がつくり、一同が検討してまとめ、英子が文章を校訂した。その要点は、北米における日本人の社会的地位や財力がいちじるしく向上した現状を考慮し、米人申込者と同様の待遇と特典を与えられたし、という要望である。集まった六人のメンバーと、会社に所属する全日本人代理人全員が署名し、ホテルのタイピストが浄書した四頁にわたる決議書は翌日の大会の席で経営幹部会代表に渡され、取締役会で熟議の上回答するとの返事を得た。これで今回の大会に出席した目的を果たし、二人はニューロンドンの町を散歩しながら、かねてサンフランシスコの生け花卸商榎本商会から依頼されていた同市のカリフォルニア州生け花取引先を訪問し、同時に保険の勧誘をした。

前回の大会でキングスレー社長夫人のお気に入りになった英子は、今回も同夫人やバックナー副社長夫人に連れられ、自動車で各所を遊覧した。いろいろな意味で、二人にとって最後となったこの大会は、前回以上に収穫があった。

自分を見つめなおす旅

大会終了後はメンバーたちは現地解散し、元と英子は一〇〇キロほど北にある古都ボストンへ寄った。古代オリエント美術から、日本関係ではフェノロサや岡倉天心の収集になる東洋美術で有名なボストン美術館、アメリカの代表的な人材を輩出するハーヴァード大学を参観、ついで観光自動車を利用してボストンから北西一七キロの位置にあるレキシントンを訪れた。ここは一七七五年四月、イギリス軍守備隊とアメリカ植民地民兵が衝突し、アメリカ独立戦争の前哨となった古戦場である。

文人旧跡では、一九世紀アメリカの代表的な哲学者で詩人のラルフ・エマーソン、それに彼と同世代のエッセイスト、ヘンリー・ソローの旧居を訪れた。ソローはエマーソンの感化を受け、ボストン郊外の故郷コンコードでひとり簡素な生活を送り、著述に集中した。彼の著書『森の生活』『市民としての反抗』は日本人にも愛読者が多い。

英子はこれら文人旧跡とそれらを取り巻く日本のような紅葉の風景の中に立って、深い感慨に浸った。汽車の旅には飽きたので、ボストン港から夜行船でニューヨークに戻りホテルに宿泊して、元は旧友に会って英子を紹介し、活動写真（映画）を鑑賞した。

セントラル・パークの散策で、英子は一三年前のヴァージニア・ヤングとの出会いの記憶が甦った。当時三八歳だった英子は、いまや五一歳、伴侶の元は四九歳だ。一三年の月日はある人にとってはあっという間かもしれないが、英子にとっては何とさまざまなことがあった変遷の歳月だったろう。

彼女は手のひらに乗ってピーナッツを食べるリスの感触を楽しみながら、満足と寂しさが入り混じった感情に浸っていた。この一三年の間に、彼女は自分の能力を思う存分発揮する機会に恵まれた。時にはやりすぎて元に助けられる出来事もあったが、とにかく、学問もビジネスも経験することができたことに満足している。

にもかかわらず、なお満たされない心情の奥にある悲哀を、二年前、母の死に際して東京の知人元良夫人にあてた英子の手紙が暗示している。

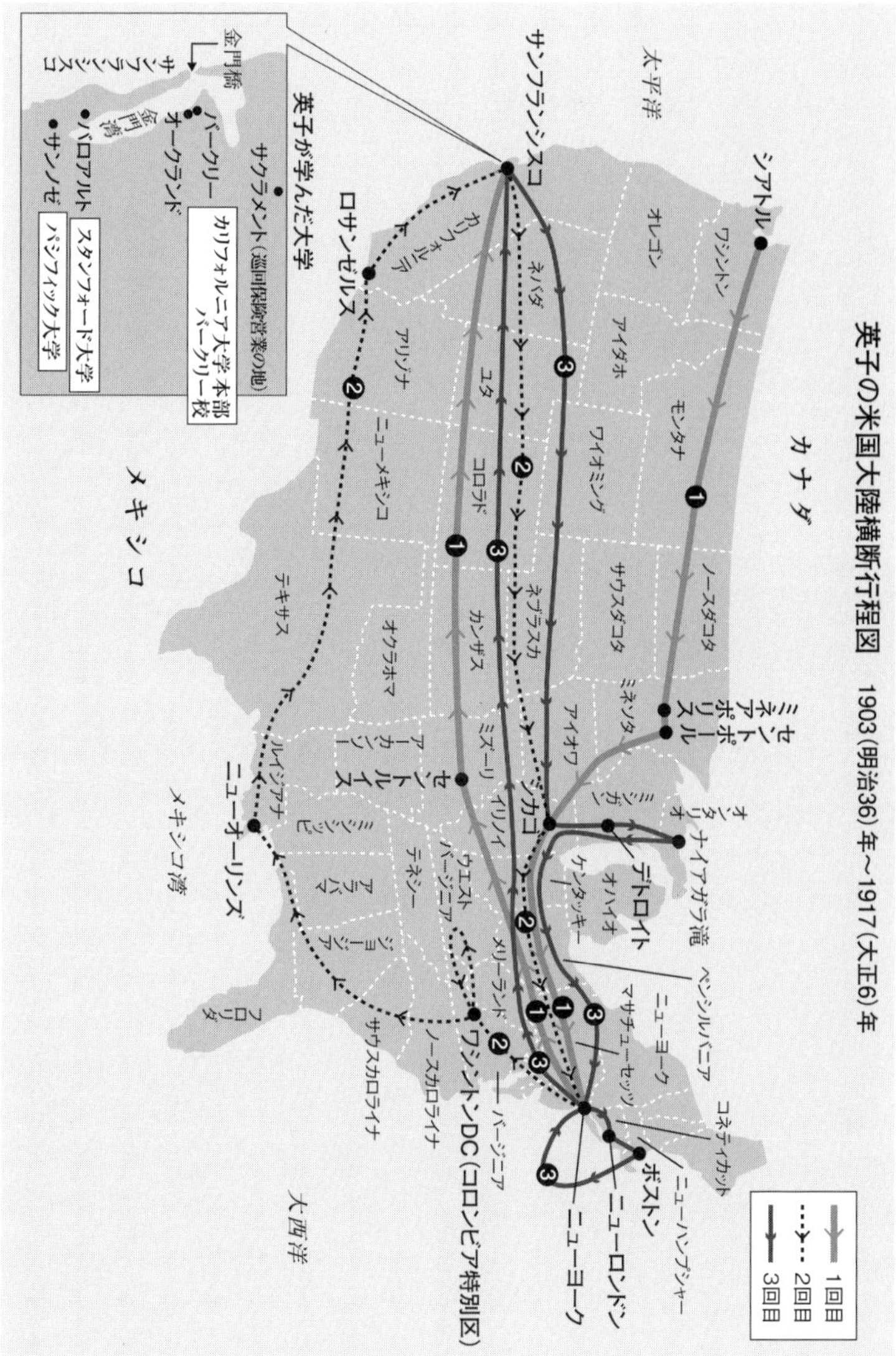
英子の米国大陸横断行程図 1903(明治36)年～1917(大正6)年
1回目
2回目
3回目
カナダ
メキシコ
太平洋
大西洋
メキシコ湾
シアトル
サンフランシスコ
ロサンゼルス
ミネアポリス
セントポール
シカゴ
デトロイト
ナイアガラ滝
セントルイス
ニューオーリンズ
ワシントンDC(コロンビア特別区)
ニューヨーク
ニューロンドン
ボストン
ワシントン
オレゴン
カリフォルニア
ネバダ
アイダホ
モンタナ
ワイオミング
ユタ
アリゾナ
コロラド
ニューメキシコ
ノースダコタ
サウスダコタ
ネブラスカ
カンザス
オクラホマ
テキサス
ミネソタ
アイオワ
ミズーリ
アーカンソー
ルイジアナ
ウィスコンシン
ミシガン
イリノイ
ミシシッピ
テネシー
アラバマ
ジョージア
フロリダ
ケンタッキー
オハイオ
ウエストバージニア
バージニア
メリーランド
ノースカロライナ
サウスカロライナ
ペンシルバニア
ニューヨーク
マサチューセッツ
コネティカット
ニューハンプシャー
オンタリオ
英子が学んだ大学
サクラメント(巡回保険営業の地)
カリフォルニア大学 本部 バークリー校
スタンフォード大学
パシフィック大学
金門橋
金門湾
サンフランシスコ
バークリー
オークランド
パロアルト
サンノゼ

文中、後半は、母なほの最期を看取ってくれた長男勝之助について触れ、心ならずも時と場所を離された親子の情が切々と伝わってくる。

（略）世に只一人の母を失ひ今は愈々父なく母なく故郷には只あれし昔の住家《すみか》のみ、垣根に咲く梅、櫻も、昔の人の影戀しげににや咲らん杯《など》
夢魂はるかに故郷に立帰り申候《もうしさふらふ》。
（略）一度は失ひたる我子のわれを母よと呼びてなつかしき音信《おとづれ》に
ありし昔のこと今のことかきまぜて、私をして身は夢ならぬかと思ふまで
心も遠く日本に立帰るまで、不思議の感情にうたれ申候。

（「米國時代のゑい子（上）」）

米大陸を往復する長途の旅を無事に終えてサンフランシスコに帰った時期は一〇月の初旬で、街路樹も初秋の風景に移り変わっていた。とりわけ、激しい保険ビジネスの現場から離れて自分を見つめなおす機会となった歴史紀行は、二人にとってエネルギーを充電するよい保養になり、過労気味だった英子は血色も戻り体重も増して若々しく見えた。

折もよく、一〇月五日の日付で、ロサンゼルスのメンバー、渡邊松三から届いていた書簡は、二人を歓喜させた。それは大会で会社に申し入れた決議書に対する結果報告だった。

前文御免、待ちに待ちたる本部よりの返答當地支店長を經て昨日領收。我々要求の個條《かでう》本社に於ても熟議の結果至當と認め要求全部承認の旨アクチユアリー（統計科）のハンタア氏より通告、實に滿足の至りに候。

貴地支店長よりも貴下宛通告ありしこと、確信仕り候も、餘りの嬉しさに一寸《ちょっと》一書差上ぐる次第に候。

今回我等は期待せる以上の好結果を諸君と共に喜ぶ次第、當地日本人諸君も我々の運動に對して多大の感謝の意を表せられ候。（中略）

御盡力下されたる御令閨《ごれいけい》に厚く御禮申上候。何卒よろしくご鳳聲《ほうせい》の程願上候、敬具

ゑい子は文末の一行を以て、暑中旅行の勞苦も十分に癒されたと感じた。

（「米國時代のゑい子（上）」）

と元が付記している通り、当時のビジネス社会で女性の働きが認められる数少ない機会に恵まれた、ビジネスウーマン英子の喜びだった。その心中を推察した元は、最大限の賛辞を女性であり共同経営者である妻に捧げた。

永井保険の終焉

続いて一九一八（大正七）年、一九年の二年間は何とか二〇万ドルクラブメンバーを維持したが、

大会は欠席した。そのころから多年の無理がたたって二人とも疲れやすくなるなど健康状態が低下し、思うような活動ができにくくなっていた。

そのような状態に刺激を与えるべく、二人は契約成績がよかった日は市街のレストランでやや豪華な夕食を摂ってから、活動写真（映画）を鑑賞することにした。チャップリンがアメリカで活動をはじめたころである。活動弁士が熱演する活弁映画は面白く、この日常生活に変化を与える刺激策は精神を活性化し、新知識や話題を得られる効果があるので、一時的ながら営業力を回復することもあった。しかし一九二〇年から四年間は一〇万ドルクラブがやっとで、以後の保険活動は急速に落ちた。二人の健康の衰えだけでなく、外部要因として一九二三（大正一二）年九月一日に発生した関東大震災は首都東京をほぼ壊滅させ、サンフランシスコの日本人居留民も大きな打撃を受けた。ニューヨーク生命も日本支店を閉鎖するなど保険業務が縮小され、代理人業が困難になっていた。一方、米国の政治問題では移民法が強化されるなど、日本人社会の存続も厳しくなってきた。

元は数年前から会社に辞意を伝えていたが、優秀な代理人を惜しんでその都度、慰留されていた。しかしもう回復できない活動力の衰えを自覚した元は、一九二六（大正一五）年五月二六日に英子の文案を加えた辞表を提出した。会社としては非常に惜しんでなお慰留したが、いかんともしがたい状況を理解して、翌二七年一月に相当の報償待遇をすることで代理契約解除を承諾した。一九〇一（明治三四）年に日本人居留民の間に初めて保険業を始めて以来、二六年間保険業を続けた元は、後半にビジネスの天才ともいうべき伴侶英子を得て、何年も栄誉ある二〇万ドルクラブメンバーを経験し、ようやく重荷をおろして、これからある目的に集中しようとしていた。

このころ、すでに英子は卵巣がんの症状があらわれ、病床につくことが増えた。保険業に従事している期間は自ら目を通すことを禁じ、木箱に入れて鍵を掛けていた書籍を取り出して、英子は病身をいたわりながら読書をはじめた。

保険業を離れた夫の元も、残りの人生の方針を定めていた。彼は多年築いてきた多くの知友との面談交流を絶って英子の病床に終日付き添い、彼女の意のままに動いて看護に専念する決心をしていたのであった。

第五章

病床からの闘いと死

一　知的欲求の奔流、仏文名著読破

仏文の精神を求めて

英子は海岸女学校時代からフランス語を学びたいと思っていたことが、当時、身近にいて「めずらしい神童」に関心を寄せていた宣教師ヴェール博士の手記にもあると元《げん》は言う。

幼少からメソジスト派の米人宣教師から英語で教育を受けているので、英子にとって英語は母国語に近い感覚である。にもかかわらず、大学の教科単位をほとんど取得した加大（カリフォルニア大学）では英語圏ではなく、南欧語圏のロマンス語を専攻し、晩年の猛烈な読書の対象としてフランス語圏の作家の作品に集中した理由を明らかにする。

英子が親しんだ一八世紀ビクトリア朝以降の英文学作品は詩が主流で、散文作品も一般にイギリス経験論に見られる、現実を事実として肯定し尊重する志向が強いと言われる。

これに対して仏（フランス）文学は一八世紀のモンテスキュー、ヴォルテールや「フランス百科全書派」のディドロ、ダランベール、ラ・メトリ、教育思想家のルソーらが自然法則から創造の神を追放し、理に背く教義は否定した「啓蒙の時代」を経て、一九世紀はユゴー、フローベール、モーパッサン、バルザック、ゾラなど小説の巨匠が輩出し、社会の変動に対応する人間精神の多彩な跳躍を描いた「戦いの文学」の時代であると、仏文学者後藤末雄は著書『仏蘭西精神史の一側面』（第一書房、昭和九年三月刊）で述べている。

それゆえに、教師として、新聞記者として、ビジネスウーマンとして闘いの人生を経験してきた英子が求めた文学の対象がフランス文学であったことは、当然の帰結としてうなずける。

文化史の概容としてのフランス思想史や主要な著書は加大選科在学時代にマスターしていたが、これから取り上げる著者と著作は、英子が病態となった晩年の五年間に、元がサンフランシスコ市の公立図書館から借りだした図書の範囲である。

ゑい子は佛文《ふつぶん》の精神を學ばんが爲に、家に在つては佛文の名著を渉獵した。一九二三、四、五年頃には、ルーソー、フローベル、モーパッサンの各全集より、（中略）ドウデー及びユーゴーのものは十數年前《ぜん》に讀んだものを再讀して居た。一九二六年には一年がゝりでバルザックの全集を讀み終つた。家に所有せざるものは大抵圖書館から借りて來るので、其往復の使は大抵私がした。一九二七年の初め頃からゾラを讀み始めた。

（永井元「米國時代のゑい子（下）」永井元編『永井ゑい子詩文』）

英子は晩年の随想録「ゑい子つれ〴〵草」にフランス文学関連の読後感想を記述している。天与の才能に恵まれたとはいえ、外出もできないがん患者の体力で、膨大なバルザック全集を一年間で読み終えたフランス語の実力と集中力には感嘆のほかはない。

一八世紀は論説と詩、戯曲の時代で、英子が触れているこの時期の著者はヴォルテールとルソーである。妻の影響を受けて元も哲学史著述家エルバート・ハッバードの『ヴォルテール伝』を図書館で借りだし、英子に読み聞かせたと彼女の死の前年、一九二七（昭和二）年八月二四日の日記に記している。四日後、彼女自身でも読んだ。啓蒙時代を再認識したのだろう。

（前文略）ヴオルテールのライフ、新方面にて面白し。
（四日後）二階にて三時頃より五時まで讀書す。エルバード・ハツバートのフヰロソフアー中ヴオルテールをよむ。

ヴォルテール（一六九四～一七七八）は理性と自由を掲げて専制政治、不寛容と闘い、たびたび投獄された啓蒙主義思想家の代表とされ、『哲学辞典』『哲学書簡』『ルイ十四世の世紀』ほか多くの著作がある。英子が好むタイプの著作家であろう。ヴォルテールに続くルソーは、一八世紀の啓蒙思想家の中では英子が最も愛読した著作家で、次の記事がある。

例の通り二階にこもりてエミルをよむ。残り少なし。此次はジヤン・ジヤク〔・ルソー〕のなにものをかスタデーせむ。

（一九二六年五月五日「日記」、〔 〕内は著者注）

義務教育の普及で識字率が向上した一九世紀から二〇世紀は小説が文学の主流となった。日本でも島崎藤村、国木田独歩らは詩から小説に転じた。永井荷風は大正九（一九二〇）年三月に発表した『小説作法』の巻末で小説家を目指すものは一日も早くフランス語を学び、フランスの小説を読むべしと説き、日本の小説との思想の奥行きの違いを強調した。

一 小説書かんと思はゞ何がさて置き一日も早く佛蘭西〔フランス〕語を學びたまへ。但し手ほどきは日本人についてなす事禁物なり。曉星學校の夜學にでも行き其の國人についてなすべし。

（後略）

一 小説家たらんとするものは辞典と首引きにて差支《さしつかへ》なければ一日も早くアンドレエ・ジイドの小説よむやうにしたまへかし。戦争〔第一次世界大戦〕以来多く新刊の洋書を手にせざれば近頃はいかなる新進作家の現れ出でしやおのれよくは知らねど、まず新しき小説の模範としてはジイド、レニエーあたりの著作に、新しき戯曲の手本としてはポオル・クローデルあたりのものに思はるるなり。

バルザックへの傾倒

「ゑい子つれ〴〵草」では、バルザックの記事が多い（〔　〕内は著者注）。

第六十五　バルザックの『ラ・ポー・ド・シヤグラン』

「バルザック」の小説作物中最も哲想に富めるもの、人生の波瀾重疊、人心の奥底、人情、表裏、單純にして厭世的なる主人公……

第七十　バルザック〔第六十五話から続く〕

佛國文豪中十九世紀の代表者たるバルザックは其《その》著書夥しく、其作皆後世の鑑《かゞみ》たるもの、已れ其哲意を含める「ラ・ポー・ド・シヤグラン」を今夕《こんせき》學び終へ、（中略）今更ながら佛文學の如何にリッチに如何に美しく如何に文學として他國の夫れに比して尙幾層の価値あるかを味ひつゝ、あり。……

望みは悉《ことごと》く叶うが、その都度自分の寿命は縮まる運命の神である一枚の野驢《やろ》の皮（ろばの粗皮《あら》）を手に入れた主人公が、世のあらゆる豪奢、高貴、栄光の盛衰を経験し翻弄される暗示的な寓話小説で、英子は大きな感銘を受けた。

第百二十　バルザック作『アブソールー〔絶対〕の探求』一

バルサザー・クレーは西班牙《スペイン》系のフレミンにて家系正しき富豪の人、其大邸宅の建築、（中略）高尚壯麗の風致はこれに住へる主人公の性をよくうつしたるものにて、バルサザーは稀に見る大人物の度量を有し、其體格風采共に堂々たる立派の紳士である。其妻ジヨセフヰンはブラッセルのある家柄の令孃にて、（中略）クレー家の主婦とは迎へられたるものなりき。……

第百二十一　バルザアク作『アブソールーの探求』二

クレー家の主人は琴瑟相和《きんしつあひわ》して内外の人に尊重され歳月こゝに十五年を重ねたる頃一の大變化は此家庭内に人しれぬ苦しみを持ち來したり。主人バルサザーは何時《いつ》頃よりかサイエンスの研究殊に化學の探求に身も心も打込みて、今までのバルサザーとは雲泥の差ある人とはなりぬ。彼れは其邸《やしき》の下層の一部分を研究所となし、其處《そこ》には一人の若き僕《ぼく》を助手とせる外《ほか》家内の何人《なにびと》にも出入《しゆつにふ》を許さず。のみならず年頃の温情は其妻其子其友に對して一のいふべからざる冷淡無情と化し、或時は何月何日間も殆どその家族に一言《ごん》の言葉をも交へず。又日頃クレー家の主人としての服裝態度は一の漂浪人《じん》と見ゆるまでに變《へん》じ、何ケ月も一着のスーツは垢つき、しみにけがれ、或は所々かぎざきたるまゝ、髮は蓬々《ぼうぼう》ととして梳《くしけ》づらず、ゆあみせず、爪は長く生《お》ひのびて、眼光物凄きまでやせ、急に老人のごときさまとはなりたり。……

万物に共通する科学史上の巨大な難問、「絶対」の研究にとりつかれたバルタザールは、探究の果てに「ユーレカ！（みつけたぞ！）」と叫んで息絶える。

「絶対」という観念に固執した精神の恐ろしい深淵と悲惨を、英子はバルザック作品の「執念の典型」と感じたであろう。この作品はバルザックがさまざまな社会に生きる人間の生態例として九一編の小説群を、政治、経済、生活などの環境や、それらの社会における人間の千差万別の欲望や行為で分類した人生パノラマの殿堂『人間喜劇』のひとつに組み込んだ。

小説作品は「風俗研究」「哲学研究」「分析的研究」に分類され、それぞれの枠の中で、強烈な個性をもった小説の主人公がバルザックの意図するようにストーリーを演じ、その社会特有のさまざまな姿を表現している。英子もバルザック作品の目的を推察して、第七十話に、「生活」を基準として次のように分類している。

バルザックの著書を分類して左《さ》の如くす。〔フランス語は略〕
私人の生活、パリーの生活、政治家の生活、軍人の生活、パリー外〔郊外〕の生活、田舎の生活、哲學的の作、解剖的の作。

『人間喜劇』中、知名度の高いおもな作品としては『ふくろう党』『「絶対」の探求』『ゴリオ爺さん』『谷間の百合』『幻滅』『従妹ベット』『従弟ポンス』などがある。

もし「ゑい子つれ〲草」に取り上げられていれば、経済感覚に鋭敏な英子のことなので高く評価したに違いない『ゴリオ爺さん』で示した、バルザックの金銭哲学について付け加える。

舞台は一八三〇年代のパリの場末の安下宿、製麺業者としてささやかながら財を築いた老ゴリオは、溺愛する二人の娘を貴族、富豪階級に嫁がせるべく、それぞれ五〇万フランを持参金として与える。それは彼の全財産で、その後一人で厄介者扱いをされながら安下宿暮らしを続け、持参金の効果で上流階級に嫁いだ娘にも見捨てられて最も汚い屋根裏部屋で孤独死する。『ゴリオ爺さん』の最期を看取った隣人で貧乏貴族の学生ラステニヤックに、同じ下宿に住む謎めいた男、後に犯罪者として逮捕されるヴォートランが「説教」する。

君が真面目に勉強して国王の官僚になったとしても、一般年収の一〇倍を得るのがせいぜいで、これこそ凡庸の象徴だ。年間五万フラン〔バルザックが快適な生活レベルとする収入〕の金利収入を得るには、社交界に加わって、婚姻で百万フランの財産を相続する機会をつかむべきだ。なれるかどうかさえわからない官僚や裁判官の座を目指してあくせく勉強などせず、自分自身を魅力的に磨いて社交界で富豪の令嬢を魅惑し、入り婿として百万フランレベルの財産を相続して、年間五パーセントの金利五万フランで一生有閑階級の優雅な暮らしを確保しろ、相続こそ成功の基本だ、と下宿人ヴォートランはラステニヤックを諭すのである。

バルザックが小説の対象とした社会は、金利が収入源である有閑階級の社会だった。当時の銀行預金金利はだいたい五パーセントであったことが、相続の目標として百万フランにこだわったバルザックの意図から推察できる。

ゾラの反体制精神に共鳴

後日談だが、二〇一四年に日本語翻訳版が発行された現代フランスの経済学者トマ・ピケティの大著『二一世紀の資本』で、ピケティは『ゴリオ爺さん』のヴォートランの説教を引用し、社会の富の格差が拡大する根本的な原因は、相続が生む力（利潤・配当・利子・賃貸料）が、常に労働収入（給与、生業所得）を上回る、しかもケタ違いに上回るためであると統計学的に証明した。期せずしてヴォートランの説教は、最新の経済理論としても正しいことが証明されたのである。英子の仏文小説名著探訪は、ゾラが最後となった。

第百八十八　ラッソモア（L'assomoir〔居酒屋〕）を讀む

女洗濯師のゼルヴエーズが主人公。ゾラ書中の傑作として知らる。下層界の情態、心理で習慣、其言語、スラングもスラング、とても字書中に見出し難きもの限りなし。

エミール・ゾラ（一八四〇〜一九〇二）の代表作『居酒屋』についての英子の感想である。小説家は完全に客観的に事実を描き、一点も自己感情を交えるべきではないという持論によって、彼は科学の研究方法を、小説の創作に応用しようとした。

後藤末男によれば、文体の完璧さで有名なフローベールも純客観的姿勢を唱え、作品の価値はその客観性に比例すると公言したという。彼の弟子モーパッサンも師の影響を強く受け、自然主義的な透徹した作品を書き、英子は「ゐい子つれ〴〵草」第十八の二「モーパッサン」で「師に勝る」と絶賛している。

佛文といへば、モーパッサンをよむ人は其美、其正格、其撰錬の用語上、いかに一字一句意を用ひたるかを驚嘆するの外なからん。其師フローベルが如何に心を砕いて彼を教へたるか、マスターより出でたるマスター（師）に優るのアート。

ゾラは作品の客観性を高めるため、生理学者クロード・ベルナールの著書『実験医学入門』の論法を小説に応用し、当時流行していた遺伝説をとりいれて自然主義の旗手とする、小説の科学化を実現しようとした。ベルナールは科学を天文学が属する観測科学と化学が属する実験科学に大別した。前者から得られるものは発見、後者からは発明である。

一方、ベルナールは、芸術は芸術家の主観的観念あるいは個性的感情が表現されるべきもので、主観や個性と無縁な科学とは相反すると主張した。

これに対してゾラは、小説家は観測者と実験者の両面を兼ねそなえると反論した。すなわち、環境や状況変化を観察段階として新聞記事のように事実を文章化し、その環境条件に従って必然的結果として行動するように作者は登場する人物を結末まで導き、完結する。人物の動きは作家の意図や願望を一切排し、環境や状況を動機とする必然的行動のみとし、故に科学的小説は成立するという論理である。しかし実験科学は成功すれば再現可能でなければならないが、個性である人生の再現は不可能なので、ゾラの主張には無理があると思われる。論理の正否はともかく、ゾラは彼の自然主義技法を指針として執筆を開始した。

一八五二年、彼はナポレオン三世の即位後から七一年まで、普仏戦争の敗戦による第二帝国の崩壊までの約二〇年間の社会と、ある個人の遺伝現象をテーマとした代表作『居酒屋』を完成した。内容を一言で要約すると、平凡な労働者の家庭が、ある状況を機に怠惰と飲酒に陥り、悲惨な破滅に終わる。その状況とは、彼らの家系にひそむ遺伝である、という。

しかし遺伝や環境から生じる結果を必然的とする宿命論的な創作手法は、その反動として人間のもつもう一つの本能、すなわち美へのあこがれや理想を求める意志を意識的に抑圧すると主張する反発の声がフランスのアナトール・フランス、イギリスのジョージ・エリオット、ロシアのトルストイ、ドストエフスキー、ノルウェーのイプセンらヨーロッパ各国の著名な作家からあがった。その結果、実験としての自然主義小説は衰退してゆくが、英子が好んだフランスの自然主義作家であるモーパッサン、フローベール、ドーデらは自然主義を越えた独自の美を保ち、フランス文学の古典として現代でも広く読まれている。ゾラは晩年、反ユダヤ感情と軍の威信のために流刑になったドレフュス大尉の再審をめぐるドレフュス事件で一八九八年に『オーロール』紙上に大統領あて公開質問状『私は弾劾する』を発表し、禁錮刑を受けた。その反体制精神に、英子は共鳴するものがあったのだろう。

彼女は終末期にベッドに横たわってゾラ全集一五巻を読み、最後の巻の後半を読み続けようとする状態で亡くなった。死の直前まで集中力を保ち、力尽きた様子が想像できる。

二　世界大戦の渦中から、反戦詩文を新聞掲載

非戦のためのペン

一九〇二（明治三五）年、英子が渡米を決心したころの日本は、帝政ロシアと満州（中国東北地方）、それに朝鮮半島の覇権をめぐって外交交渉が行きづまり、開戦必至の緊迫した情勢に包まれていた。一九〇四年二月に両国は国交を断絶し、以来旅順攻防戦、〇五年の奉天大会戦、日本海海戦などで膨大な戦死者を出しながら、同年九月にアメリカ大統領セオドア・ルーズベルトの斡旋により、ポーツマス講和条約が締結された。

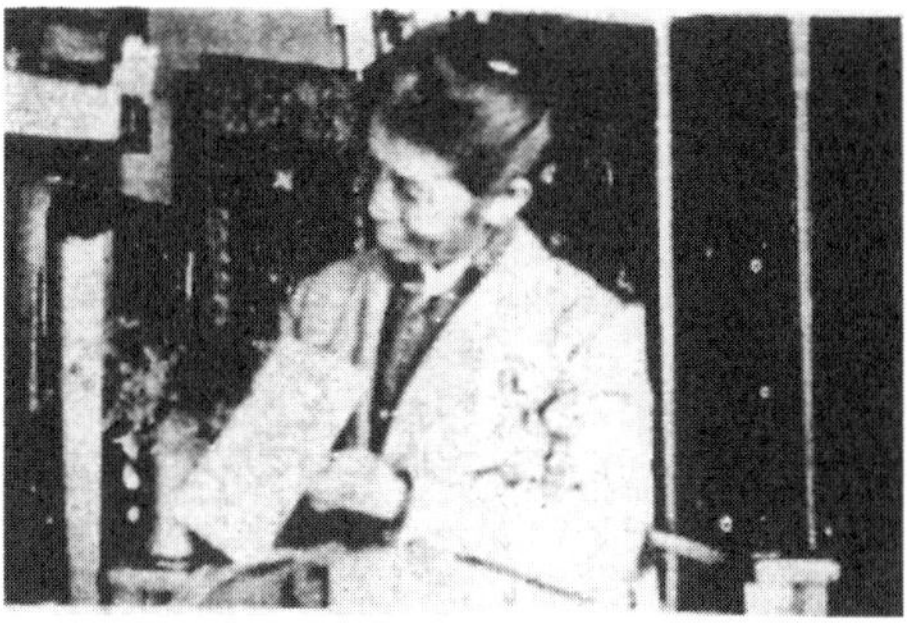

仏文名著を読破、新聞に反戦論説を掲載した晩年の英子

それからわずか九年後の一九一四年、元と四八歳の英子がサンフランシスコで保険業に精出していた時期に、第一次世界大戦が勃発した。大戦はドイツ、オーストリア、ハンガリー、オスマン帝国などの同盟軍と、フランス、イギリス、ロシア、イタリア、日本などの連合軍が対戦、一七年には連合軍側としてアメリカも参戦し、新型の大砲、機関銃、毒ガス、潜水艦による無差別攻撃など、文明が始まって以来の凄惨な近代消耗戦が四年間続いた。

「人類史上最大の殺戮戦争」は、一九一八年に同盟国側の敗北

で終結した。このとき、英子は五二歳、人生の大部分が戦争期間であった。

彼女が渡米初期にシカゴやニューヨークの新聞に寄稿した原稿はすべて英文だが、サンフランシスコでは日系人の新聞『在米婦人新報』に日本語で書かれた詩一篇と論説四篇が永井元編『永井ゑい子詩文』中篇「非戰主義詩文集」に収録されている。このうち、詩「嗚呼戰爭」、論説「軍國の婦人(抄)」、論説「非戰のため戰へ」を紹介する。

砲弾の的になるために成長する子らを育てる母のこころ、最愛の夫を「護国の英霊」にするために屍《しかばね》の山を築く戦場に送り出す妻など、いずれも女性の立場から戦争を常態とする世界の指導者の意識改革を叫ぶ、切迫した表現に満ちている。

嗚呼戰爭

さらでもいと短き人生　しかも同じはらからが
いとしみ合ひてもなほ　足らぬこゝちするを
互いに刄《やいば》を交へきりあひ　つきあふのみかは
一の恐ろしき機械もて　一度に多くの生血《せいけつ》を奪ひ合ふ
いかなれば悲しくもあぢきなき世とはなりぬることよ

斯《か》くては宗教も教育も　はた平和の同盟も何の甲斐かある

人間と生れつゞけだものにひとしきあらくれたることをもて誇りとする
いつゝいかなる世に戰ひてふものをなし初め
人と人とが屠り合ふことを學びたるよ

文明の利器は空しく血を流すの利器となり
我子《わがこ》の美《うる》はしき成長を見るに
やがて此子《このこ》の戰場に　砲丸の的《まと》とはなることよと思へば
母たり姉たる身の心の程も推しはかられて
いとゞ哀れに　胸つぶるゝばかりなるよ

さりながら大空高く飜《ひるが》へる　星の印の國旗には
いかなる衞理もいかなる情愛も頭《かうべ》を垂れていとうや〳〵しく
つゝしみ従ふべしとの敎へ
愛國と愛家《か》との　雲と水のへだゝりよ

爭ふべき事あらば此國《このくに》より彼國《かのくに》へ　いと卓絶なる人士を派して
筆論に、辯論《べんろん》に、はた如何なる事にても爭ひて
勝負を決せしむる道はあらざるか

など野蠻の太古を學びて　共に血を流し合ふぞ
萬代《ばんだい》も動きなき國是　これぞ平和のパラダイスよ
平和の國よと思ひしは　昨日の夢
さめて今朝は　全國いくさの精神とは變《かは》りぬ
嗚呼、かくて樂しきホームよ　今何處《いづこ》？

兵士を思ひて

つゝ音もやみて淋しきかゞり火のかたへに見ゆる母のおもかげ
子は親に夫は妻にたちかへる平和《やすけ》き春をいのりこそすれ

（一九一八・二・一五、「在米婦人新報」）

軍國の婦人

米國が一朝平和の夢破れて戰國となりしより、擧國一致そのフオーカス〔焦点〕は征敵の一點に向へり。大西洋岸の大砲の音はより近く我等の耳朶《じだ》に響き來り、かくてゆかしき音樂の音《ね》に代へて、勇ましき進軍ラツパに耳傾くることゝはなりぬ。

國家の急に際し、米國婦人が奉國の第一義は犧牲なり。『匍《は》へば立て、立てば歩めと願ひてし』我子《わが》の従軍を母は勵《はげ》ませり。出陣する子の訣別《けつべつ》に父は『我子《わが》よ、汝は今死を決し必ず生きて歸《かへ》るを願ふなよ』といへり。從來、「ホーム」を以て最上の樂しみとし、如何にしてこれをハッピーにせんかと苦心せる米國婦人の愛は、今や一身一家を犧牲とし、一國の爲め、否《いな》世界公義の爲め、又自由の爲め、悦《よろこ》んで我血肉《けつにく》の親愛をさき、その全身全力を國家人道の爲めに捧ぐることゝはなりぬ。

（中略）

實に現今の婦人は、駘蕩《たいたう》春の如きハッピー・ホームの夢打ち破られ、「オバア・ゼア」なる我《わが》いとし夫が今日は砲丸雨下《うか》の中に異郷の露と消えはせぬか、明日は我いとし子の姓名が戰死者表中に出ではせぬか、我子よ汝の生命《いのち》は國家に捧げたればせめては勇敢の最後を遂げよかし、我夫よ我等が愛も今は國家に捧げたり、生死共にヒーローの一字を忘れ給ふなよと、靜けき夜半の祈りこそげに軍國婦人の心なるらめ。

さりながらこは現在の事ぞかし。育兒の將來《しやうらい》に對して軍國婦人の理想は如何にあるべきか。軍事に於て平時を忘れずもがな。世界同胞が互に血を流し肉を屠《ほふ》り合ふは果して永遠の理想なるか。將來必《かなら》ずや架空論ならぬ「世界兄弟」の實現あるべし。あゝ軍國の母たり妻たる人よ、砲声耳をつんざく今日靜《こんにちしづか》に此《この》大理想に着眼し、卿等《けいら》の子弟が成長の曉《あかつき》今山と築ける砲丸が悉《ことごと》く鋤鍬《すきくは》と鍛え替へらるゝ日を希《こひね》がはずや。あゝ我《わが》愛國の友よ愛郷の友よ、さらでだに短かき人の身を屠り合ふとは、あぢきなの世や。

（一九一八・一一、「在米婦人新報」）

非戰のため戰へ

四季春光に浴し、豊富の食に飽く事を知らぬ加州に住む我等同胞男女も、安逸に馴れて徒《いたづら》に平和の夢をゆめみることは出來ないであらう。視《み》よ時々刻々轉環《てんかん》しつゝある世界の形勢を。日に月に發明されつゝある空中の征船と、種々の恐るべき毒素の出現とは、現時の文明を如何なる方法に導きつゝあるか。奈翁《ナポレオン》が嘗《かつ》て露國征伐よりの退去には、一時間五哩《まいる》平均の途《みち》を以て、當時未曾有の全速力と云はれた。大西洋横斷を爲す僅か數日を越えぬ今日は、世界が小さくなつて來た。從つて昔時のやうに國と國とが安心裏に敬遠して居ることは出來ない。

歴史は歴史を常に語る。過去の慘劇と、其の血と、其殘せる害毒とは、必ず過去のものとして見られない。人が富の頂上に達する時權勢を得んとし、權勢を得ればやがて暴壓《ぼうあつ》を企てる。國も同様である。富强の極に達したる國は、其權勢を恣《ほしい》まゝにせんとし、權勢を得《う》れば他國を壓服せんとするは免《まぬか》れない。昔はモンローの主義に生きたる國民も、今は其反對に極端なる國家主義となりつゝある此國《このくに》。神業《かみわざ》と思はるゝ計《ばか》りの機械の驚妙は、果して將來《しやうらい》何を意味するか。世界平等と博愛を唱道する宗旨は、彼《か》の大戰に對して如何なる能力を有せしか、今日の所謂《いわゆる》宗教家なるものが、若し戰爭に對して無能なるものならば、何の爲めに平素博愛を說くかと世人をして疑わしめる。

我身《わがみ》の近い將來すら知る事の出來ぬ淺い智慧で、世界の大勢を先見する事は難事であるが、世界の大事件を引起したのは必ずしも大《だい》なる原因の爲めでない。極めて些細の事が世界大戰の起因となつて居る。復雜なる現世では何日《いつ》如何なる事が生じて、彼《か》の大慘劇を繰返さないとも斷言は出來ない。我等が生存中であるか、我子の時代であるか、はた孫の孫に到つて再び其の慘狀を目撃するかは分らぬが、決して世界の大戰は再びないとは云へぬ。

しからば、我等は之に對して如何なる方向を取るべきか。普佛戰爭の時セダンに於ける佛の敗軍と、其の恐ろしい戰場の光景とを大なるパノラマの如く畫《ゑが》き出させる、彼《か》のゾラの作「デパークル」を讀む時、斯《か》くまでも生地獄、修羅場《じやう》、血と炎の中の大苦惱とを人として何が故にせねばならぬか、一兵卒の死も慘《さん》の慘なる身の毛のよだつ此の巷に、罪なき幾十萬幾百萬の青壯者を屠らねばならぬかを想はしめる。如何なればかゝる怖ろしい習慣、惡《にく》むべき風俗を以て普通の事とし、何《いづ》れの國も『義勈公に奉ずる』の言下に、此大慘惡を平氣で實行しつゝあるか、また如何なる識者と云はるゝ人も、世の先導者と稱さるゝ高德者も、この「戰爭」なるものに對して、別段の疑《うたがひ》も問ひも反對もせず、只世の多數に盲從しつゝあるは、何と云ふ殘念至極の事ではないか。ドクトル・ジヨルダンの如き、又《ま》たシエルウード・エデーの如き熱心の平和論者は、此廣《このひろ》い米國に於ける雨夜の星といつてよからう。如何にしたらば此戰爭を未然に防ぐ事が可能であらうかとは、志ある人人の苦慮研究しつゝある大問題で、中々容易に此答案を得《う》るものではない。又其《またその》實行に對して幾多の歲月と、大《だい》なる奮鬪力を要するはいふまでもないが、現に計畫されつゝある國際聯盟に於ける條項、また個人として研究貢獻しつゝある畫策、夫々《それぞれ》深き注意と熱誠とを以て、スタデーすべき價値あるものに滿ちて居る。世の憂國よ、『未だ陰雨《いんう》せざるに牖戸《ゆうこ》を綢繆《てうべう》す』の諺を思ひ給はゞ、啻《たま》に平和を夢見て目前晴天の事のみに思ひを注ぐのでは十分ではありますまい。

（一九二七・一一、「在米婦人新報」）

英子の伝えたかったこと

われわれが過去一〇〇年の時を振り返るとき、英子の言葉は近未来への冷徹な予告を感じさせる。なぜならば、われわれはやがてそれらが再現したことを知るからである。以下にいくつかの英子のことばを取り上げてみる。

『極めて些細の事が世界大戰の起因となって居る』

一九一四年六月二八日、オーストリア皇太子夫妻がセルビアの青年に暗殺された「サラエボ事件」が発端となり、一本のマッチが大火災となるように世界大戦へと拡大した。過大な軍事力とナショナリズムは過熱して引火点を超え、国家指導者の自制心を失わせる。

『神業《かみわざ》と思はる、計《ばか》りの機械の驚妙は、將來《しやうらい》何を意味するか』

人類は古代以来の生存闘争本能を残しながら、産業革命以来の科学の発展の成果を、まず大量殺戮用の兵器として結実させた。過去に例を見ない新型の巨砲は、戦場を一瞬で「挽肉機」と化し、毒ガスは数万の敵兵が布陣する塹壕を、累々たる集団墓穴に変えた。

目的を達するためには手段を選ばず、二〇世紀はコントロールが効かなくなった科学兵器という怪物同士の死闘に終始した。電気に続いて第三の火といわれる原子力エネルギーは、まずあらゆる生物を殲滅する原子爆弾として地球を何度も破壊可能な量を競うように生産し、任意の地点に運搬投下を可能にする航空機やミサイルと併用して人類はみずから滅亡に向かった。「將來何を意味するか」と問いかける英子へ返す言葉は「全人類は常に短期間で滅亡する可能性がある」状態で、その対策は「相互の恐怖による抑制」以外にはない。

『歴史は歴史を常に語る。過去の慘劇と、其の血と、其殘せる害毒とは、必ず過去のものとして見られない』

第一次世界大戦で未解決の根強い独仏の対立が、二〇年を経て噴出した。ハイパー・インフレ、既成政党の無能、戦勝国からの苛酷な賠償取り立てに対する報復感情、極端な愛国意識を爆発させ、ヒトラーが扇動する反ユダヤ民族浄化国家主義ナチの台頭と第二次世界大戦に至った。

『我等が生存中であるか、我子の時代であるか、はた孫の孫に到つて再び其の慘狀を目撃するかは分らぬが、決して世界の大戰は再びないとは云へぬ』

第一次世界大戦は一九一八年にドイツの降伏で終結したが、そのわずか二一年後、英子の予言した最も短い時期である同世代生存中の一九三九年に、第二次世界大戦が勃発した。

四五年八月に日本の降伏で世界規模の戦争は一応終わったが、アメリカとソ連との対立で、キューバ危機など第三次世界大戦の可能性もあった。戦争にならなかったのは、原爆で自分たちもともに滅亡する恐怖感が、辛うじて両国の国家指導者を自制させた結果にすぎない。

戦争は自然現象と同様、国際間の生存本能と国家指導者の弱者征服意欲の結果発生するので、英子が指摘するように宗教人や道徳者は戦争に直面すれば無力であるだけでなく、国策を国民道徳として奨励するなど、反戦どころか戦争に加担する場合もある。さらに現代はコントロールを失った資本主義が行き着くところである格差問題が「真面目に努力すれば、だれでも成功する」と考えてきた近代人の意識を変質させつつある。次なる世界大戦は互いに「生命の殲滅」の恐怖感のあまり、辛うじて「まだ始まっていない」だけであるというのが現状であろう。

三　クリスチャン・サイエンス

信仰に支えられて

英子は一九〇六（明治三九）年、カリフォルニア大学バークリー校の夏期講座でフランス語とスペイン語を学び始めたころ、同じくバークリーに住んでサンフランシスコでフランス語とスペイン語の教室を開いていたエドモンド・ラーシャ先生と知り合って、初歩の手ほどきをしてもらった。その後、彼女がパシフィック大学を卒業し、保険業に専念して交際は途絶えていたが、一九二三（大正一二）年七月一日の英子の英文日記に、旧師ラーシャ先生と一七年ぶりにサンフランシスコのクリントン・カフェで偶然会った記事が、永井元「米國時代のゑい子（下）」に記載されている。このころ、元は保険業から引退し、自宅で病身の英子の看護をする準備をしていた。しかしまだ『永井時報』は発行していたらしく、彼女は二五年八月にラーシャ先生の影響を受けたとみられる記事「病氣は氣から」を掲載している。

病氣の二字を下から讀むと、「氣を病む」といふ意味になります。近來米國の或《ある》大學で實驗した面白い話があります。

或時、新入生の内氣《うちき》さうな人に向つて同級生が口々に、

『君は病氣ではないか』

『大層わるさうに見える』

『君は顔色がわるい、早く早く往《い》つて寢なさい』

と云ひました。そしたら其青年はほんとうに病人になつた。

今度は見舞ひの友人が

『なぜ學校に出席しないか。どこも悪いやうに見えぬ』

『そんな丈夫さうなものがベットにゐてどうする』

と笑ひました。此青年は衣服を着かへて學校に出たが、何のこともなかつた。

少しぐらゐ氣分が悪いとて、すぐベットに入つたり、藥をのんだりするよりも、自分で決して病氣でも何でもないと思へば、其時に氣分がハツキリして來て、心氣が清々となります。これと反對に、これではとても駄目だと斷念してしまへば、それぎりになつてしまひます。何時《いつ》でも元

氣盛んで、自分は常に丈夫であるといふ確かな信念を持つてゐることが、丈夫にする原因であります。

（一九二五・八、「永井時報」）

（永井元編『永井ゑい子詩文』中篇「日常生活雑筆」）

ゑい子の讀書欲、智識欲はいよ〳〵旺《さか》んに燃えて來た。

と、元が記述するように、彼女はビジネスから解放されて以来、寸暇も惜しまず、読書に励んでいた。旧師との再会を契機に、英子は毎週一回先生の教室を訪れ、フランス語の研鑽を積んだ。

この時、ラーシャ先生は七〇歳をかなり越えていたが「矍鑠《かくしゃく》壮者を凌ぐ」健康体で、普通人にはまねのできない根気強さで伝道と語学教育に当たっていた。いまはサンフランシスコに住んでいるが、バークリー時代には毎朝七時に家を出て汽車、汽船、電車を乗り継ぎ、サンフランシスコの自分の教室でフランス語とスペイン語を教え、その傍ら「クリスチャン・サイエンス」の教理を説いた。彼は

「天の太陽を見よ、常に働いているではないか」

という持論を常に説き、日曜も祝日もクリスマスも一日も休まず通い、夜は八時まで教えていた。過労にならず継続できた理由は、神が定めた生活のリズムを崩さないという信念が行動を習慣化し、肉体の細胞を鍛えていたからだろう。人の信念や経歴は外貌にあらわれる。

其風貌高潔秀麗、さながら昔の聖徒の夫《そ》れを想はしめる。

と元が言うように、ラーシャ先生は宗教教育者として申し分のない雰囲気を漂わせていた。風邪をひいても「これは病気ではない」と生活のペースを崩さず、いつのまにか自然に治ってしまい、持論の正しさを示した。習慣となった規則正しい生活リズムと食事が、病気への抵抗力を強めたのだろう。サンフランシスコに移転してからも、勤勉な生活や健康状態は変わらなかった。

彼が伝道する「クリスチャン・サイエンス」は、一八六六年にアメリカ人女性、メアリー・ベーカー・エディ（一八二一〜一九一〇）が創始した新興キリスト教団体である。その教理は単純な前提で成り立っている。まず全知全能である「神」があり、神の律法はただ一つ「善」で、その属性は健康である。神は健康を創造するが、疾病は創造しない。万物の創造者である神が創造しないもの（すなわち疾病、死など）は存在しないとする。従って人体は本来健康で、病気なるものは存在しないという。「全知全能の神」の存在が前提なので、論じるよりも信じるか否かの二者択一になる。精神の内部に生じる啓示論として『哲学・思想事典』などには記載がない。ブリタニカ国際百科事典によると、提唱者のマダム・エディの著書 *Science and Health: With key to the Scriptures*（『科学と健康――聖書を解く鍵』）が経典にあたるという。

一八七九年にボストンに母教会を設立し、以後、アメリカをはじめ、カナダ、ヨーロッパに普及した。一八八三年に機関誌を発刊し、その後独立して現在の『クリスチャン・サイエンス・モニター』

として刊行を続けている。教会数三三〇〇、会員数二〇〇万人を越え、キリスト教圏の諸国には受け入れられやすいのだろうと想像する。原則的には一般医療に依存せず、生命本来の治癒力で病状を軽減する在宅治療で、特にがん患者には救いとなった教義であった。

英子は元にも勧めて、自分の生活に合うかもしれないこの教義を二人で研究した。元はエディの著書『科学と健康』を買い求めて指導書とした。

殊にこの本をテーマとして編集した二、三種の雑誌には、世界各国から寄せられたさまざまな病気や怪我の驚異的な治療成果が数多く掲載され、英子と元は大きな関心と期待を抱いて読みふけった。彼女は身体に痛みを感じたり不眠に陥るとラーシャ先生に電話で相談し、翌日には「すっかり治った」体験がしばしばあったと「ゑい子つれ〴〵草」や日記に書いている。

フランス語に没頭する日々

英子は自分の精神状態に光を与えてくれるラーシャ先生に師事し、さらに大学で学んだまま使う機会がなかったフランス語とスペイン語の復習を思い立った。健康状態が次第にわるくなるのを自覚した彼女は、寸時も無駄にせず、体力の続くかぎり読書に集中し、一方では読書に専念することで、病苦をまぎらわせようとした。

あくまで人生に前向きな彼女は、病気が治癒した暁には、ヨーロッパ旅行をするという目的を抱いていた。とりわけ、フランスの文化に直接触れる喜びに浸りたかった。それには英語以外の欧州語、特にフランス語の知識が欠かせない。

サンフランシスコ市内にあるラーシャ先生の教室に英子は毎週一度通うようになり、自分で書いた数頁にのぼる長文の英文仏訳や仏文英訳を添削してもらい、続いて実用会話を学んだ。一九二五年二月二四日の彼女の日記には、先日、日本のオペラ歌手三浦環《たまき》の公演を聴き、その記事と短い感想をフランス語で送ったところ、ラーシャ先生は大喜びで

やがてかゝる文章を世に公《おほや》けにせばよかるべしとの給ひたり。

と書き記している。おそらく元新聞記者の面目躍如の記事は、完璧なフランス語作文力とあわせて先生を喜ばせたであろう。

会話のテーマはプライベート、ビジネス、旅行などのごく日常的な会話だが、先生がクリスチャン・サイエンスの普及者だけに、会話の中心はそちらに傾きやすかった。したがって英子はラーシャ先生からフランス語で『科学と健康』の教義を教えられたことになる。才能に加えて熱心な勉強のおかげで、英子はまもなく長文の仏訳文も完璧と評されるほどの上達をみせ、フランス語雑誌に投稿してはどうかと先生から勧められたが、その機会はなかった。彼女は自分を表現する前に、まだまだ世の中には自分が知らなければならない大切なことがあると思い込んでいた。そのころから、第一節に記述した、バルザックをはじめとする「仏文名著渉猟」が始まっていたのである。英子は前記の日記に、次のように続けている。

實《じつ》に外國語殊《こと》に佛語は容易《たやす》からず。されど其美《そのうるは》しき言葉と豊かなる文學とを思へば、我《わが》一生を通じて没頭せまほしくも思はる。

四　病床の日々

英子の生活信条

英子も元も、彼らが闘っている病気が難病だとは感じていたが、実際に告知を聞いたのは、死の三日前であった。この当時、がんは治療の方法がなく、事実上死の宣告となるがん告知は避け、患者に最後まで生の期待を抱かせる配慮をするのが通例であった。たしかにこの方針は英子には有効で、フランス語の研鑽やフランス文学の名著を読み込むエネルギーは、生きる可能性を信じているからこそ実現したのだといえる。本人も元と一緒になじみのレストランに行くような身近な期待、あるいは完治して二人でヨーロッパを旅行し、あこがれのフランスを訪れる夢を抱くことが、クリスチャン・サイエンスの教理にも一致したであろう。しかし医学的治療を度外視する思想は、本人はもとより、看護する元にも負担となった。

病態となってからまったく外出できなくなるまでの英子の生活信条について、書き落とすことができないものという元の思い出のいくつかを挙げる。

その一　わずかなお金も無駄にしない金銭管理

保険代理店時代、夫妻は毎夜、その日に集金した多額の保険金を勘定し、翌日、少額の現金を残して銀行経由で保険会社に送った。そのときに端数貨幣として一仙《セント》（約一〇円）銅貨が毎夜出ることを知り、マッチ箱を使った「一セント貯蓄」を実行して年に三ドル一五セントたまった。英子は毎年一一月の感謝祭に教会や婦人会に寄付し、『永井時報』にも掲載して賛同や実施の便りを受けた。「(彼女は)理財の技能を有していた」と元は敬服し、

　私は金錢の管理から一家の出納は悉《ことごと》くゐい子に一任し、ビジネス以外の銀行の名義は總《すべ》てゐい子の名前として置いた。

と、永井家の銀行取引はすべて英子のサインで入出金した日常生活を語っている。

その二　衣服を工夫するデザイン感覚

自分の普段着はきわめて質素だったが、長年着古しても手入れが行き届いていたのでいつも新しいように見えた。そして洋服の仕立てには常に新しい工夫を加えた。たとえば現在ではだれでも着ているアンサンブル（フランス語）、すなわちワンピース・ドレスは英子がバークリーでカリフォルニア大学に通っていたころ、自分でデザインして着ていた服で、当時はだれも着ていなかった。それから数年後、女性の普段着はほとんどワンピースとなり、英子は初期の自分のデザインを人に見せて、自分

が流行の先端を作ったかのように得意になった。ドレスのデザインを通して、時代の要求を読むセンスも多分にもっていたようだ。

その三　荒れた感情を修復する気配り

元は妻英子の看病のため保険業から引退し、一切の付き合いを断り続けた。交際範囲が広い元にとって、それは自分の人生のすべてを捧げる愛と献身のわざだった。彼はいまや尊敬を超越して畏敬する妻の看護に際し、なにがあってもさからわず従う方針に徹しようとした。しかし二年間も外出できず苦痛を伴う病体で、ほとんど元のほか話す相手もいない英子の精神は鬱屈し、自制心を失って時には大声で叫び、ものを投げつけることもあった。

そのたびごとに元は自分の感情を押し殺してその場を外し、別室の椅子にもたれて妻の激情の鎮まるのを待った。しばらくして英子が部屋に入ってきて元の肩に子供のようによりかかり、彼の頰に自分の頰をすりよせてささやいた。

「いまのはね、英子が怒ったのではありませんよ。病気が怒ったのだから御免《ごめん》チャイよ」

元もおかしくなって微笑し、うなずくと、英子は気が済んだように明るい表情でベッドに戻った。これが二人のいつもの感情修復パターンで、痛々しいまでの気配りである。

バルザックとお灸

この当時、治療の見通しが立たない病人は、医師の自宅往診で医療を受けるのが一般的な病気治療だった。とりわけラーシャ先生からクリスチャン・サイエンスの教えを受けた英子は教義に従って極力病気を忘れ、自宅で人並外れた読書に励んだ。あるいは病気の苦痛をまぎらわすために、読書に没頭したのかもしれない。看護をする元は、自宅療養で効能がある療法を探していたが、一九二七年の五月二日（彼女が亡くなる約一年足らず前）、夕食後に、いかにも英子らしい動機から「お灸」が話題になった。

彼女はいつも夕食が終わると、かたわらに座る元にその日読んだ本の内容を話すのが常だった。面白いと思った読書の内容を人に聴いてもらうのは楽しく、元気が湧くことを知っていた元は、英子に勧めて積極的に聴いた。

英子も元が真剣に聴いてくれると思うとおのずと意気込みが強まり、改まって真剣に話した。その日の話題は「バルザックとお灸」だった。この時期、彼女はバルザック全集に取り組み、大部分読破したころだったが、その文中で、当時フランスで流行していた東洋医療術として「モグサ」を用いるという言葉が出てくるけれども、これはお灸のことでしょうかという。元はしばらく考えて、老人たちが据えていたもぐさからたち昇る煙を思い出した。

「たぶん、お灸のことだと思うよ。バルザックの小説にそんなことが書いてあるの？　なにかそれについて、関連した言葉があるかね」

「ああ、やはりお灸か、きっとそれに違いないわ。英語のブランド（brand 燃え木、燃えさし、焼き印）という意味の文字を注釈に使っているもの」

「そういう注釈があるなら、お灸で使う艾《もぐさ》のことだろう。それにしても、バルザックがよくもぐさなどを知っていたね、なんという博識なんだろう」

元は感心したが、実際には、一九世紀のヨーロッパではフランス人が「俳諧詩」はじめ工芸品、陶芸、浮世絵などの日本文化をもっとも愛好したと、後藤末男は『仏蘭西精神史の一側面』で伝えている。彼の書簡にもみられるように、屏風など骨董好きのバルザックが日本文化を愛好したことは間違いないだろう。鍼灸《しんきゅう》などの東洋医療も知っていて不思議はない。そこで元は現実に話題を戻した。

「それについて思い出したが、しばらくやめていたお灸を、英子ちゃんもまた据えてみたらどうだね。効能があるから昔から続いているんだと思うよ。『継続は力なり』だよ」

「そうね、それじゃ、今夜から始めましょう」

英子もすぐに賛成して、戸棚から古い「お灸箱」を持ち出し、線香やもぐさを並べた。

そのときから、八月三一日まで三ヵ月間、彼女は毎日欠かさず灸療治をした。お灸の時間は日課として二階の寝室で、午後二時ごろから一時間ほどをかけ、「足三里」をはじめ、全身の「ツボ」といわれる灸のポイントに元が据えた。東洋医学ではツボが全身に三六五ヶ所あり、相互に関連していて、身体に異常があるときは温度にも鈍麻状態で熱さを感じなかったり、あるいは過敏に感じると言われる。その日の病状に応じて、元は英子の注文に従って三〇ヶ所から一〇〇ヶ所を超えるほど据えた。据えられているときの英子は気持ちよさそうに居眠りしたり、気分転換として元が本を朗読する声を聴きながら据えさせた。多くの場合は気持ちよさそうにしていたが、過敏に感じるツボに遭遇すると急に熱がった。このような時には、元は据える手をとめて話しかけ、病人の神経の鎮静につとめた。

「英子ちゃん、このお灸は英子ちゃんに据えるのではないよ、病気に据えてやるのだからネ、もう少し辛抱したらやめるからね」

予定のツボに据え終わると、元は線香ともぐさを並べてお祈りをするのが恒例だった。

「お灸の神様、どうかこのお灸が必ずききめがありますようにお願いいたします」

そして「お灸日記」を書き、お灸箱をしまう。このあと、英子は安心したようによく眠った。

無念の叫び

二人が住んでいる地域はサンフランシスコの中心を通っている繁華街ポスト通りの一六丁目で、いわゆるジャパン・タウンの中心にある。家は通りの南側にある間口二五尺（約七・五メートル）、奥行き三三尺（約一〇メートル）の木造三階建てで、一階は他の店舗が使用し、二階と三階が永井家の住居である。かれらがサンフランシスコのこの古い家に定住して以来、一三年間が経過した。明治の初めに建てたらしい構造や設備は旧式で不自由だったが、「昔造りの頑丈な、天井の高い廣々とした家」は初老の夫婦にとってお気に入りだった。

二階にはリビングルームや寝室、それに八坪ほどの「永井保険」時代の事務室があり、電話や大金庫が備えてある。旧事務室の南面に幅三尺と高さ六尺の大窓とベランダがあり、英子は植木鉢を置いて水やりをしたり、大窓からの日当たりがよいので、しばしば日光浴をしてから、ここで読書や執筆をした。

この部屋は英子の没後、元が『永井ゑい子詩文』の編纂室として使った。

三階に一五尺（約四・五メートル）四方の「図書室」がある。大きな机や長椅子、壁には高さ二メートル弱、幅四メートルの書棚を備え、英語、フランス語、スペイン語、それに日本語など、各国語の書籍が整理され、ぎっしりとならんでいた。

図書室に隣接して厨房、洗面所、浴室、便所と、水道設備が寝室の階上にある変則的な間取りで、腹部の膨張が進行している英子はトイレに行くために階段を昇り降りしなければならない不便を強いられた。降りるときはそれほどでもないが、昇るときは元が英子の腰まわりに手をかけて押し上げたり、彼が片手で手すりにつかまりながら、もう一方の手で彼女の帯を握って引き上げた。引き上げながら元は

「ソーレ、引けよ初花　箱根山」

と古謡を唄い、英子と身体の動きを合わせるようにリズムをつけるのが常だった。

このように階段の昇降は初老の夫婦にとって大変な苦労で

「これが平屋《ひらや》だったらなあ」

と二人は絶えずこぼしていたが、それでも彼らは多くの不自由を超えて、ほとんど人生の一部になっているこの「ポストの古家」に執着した。

英子はこのころ、フローベールとモーパッサンを読み、とりわけモーパッサンを激賞していた。日記では、元が買ってきたルソーの『エミール』の英訳をさらに日本語に重訳した本の訳文の不完全さを指摘するとともに、最近の食事の状態を語っている。頭脳は明晰だった。

四月三日　元、エミルの譯本（英譯より和譯せる）を五車堂より求め來る。ゑい子エミル研究につき、右の書に對照し或《あるひ》は解し或は譯文の不完全なる點を見出す。ゑい子肉食を殆《ほとん》ど絶し、重《おも》に野菜食として輕《かる》く食せんと決意せり。

日常の食事は、慶応生まれの男である元には作れないので、朝食は飽きないように工夫して種類を多くしたサンドイッチで、パンをできるだけ薄く切り、フライドエッグやレタスにマヨネーズを和えたり、チーズなどその時にほしいものを元が英子に聞いてパンにはさむなど簡単な調理をした。時にはなすを輪切りにしてフライパンに蓋をしてガス火であぶり、「即席茄子《なす》の鴫焼《しぎやき》」と称して食卓に変化を求め、夕食は近くの割烹店「ポスト東京」が出前する日本食に、英子が好む海苔をつけ、家庭の雰囲気を味あわせようとした。

死の前年、一九二七（昭和二）年の日記に、元が書く記事にしばしばでる食品マーケット「フィルモア」で買ってきてもらった牡蠣《かき》がうまかったと感想を述べている。オランダ人が食べる鰊《にしん》とともに、欧米人が好む数少ない生食の魚介である牡蠣を英子は好んだ。

元は早朝、家の前の街路周辺を掃除して食事は向かいの「ポスト洋食店」で済ませ、夕食は英子とともに同じものを食べるようつとめた。

五月二二日　本日はゑい子のため元《げん》フキルモアに行きオイスターを購《あがな》ひ來たり、久々にて生《なま》にてレモン、鹽《しほ》、ソースにて食す。體《からだ》に適する如し。此《この》數日餘《あま》り同じ食事を欲せず、變化を要する感じあり、朝はサンドヰッチ、夜はどんぶりめし。
七月二〇日　今朝元早朝起き外にて食し、家の外をきよめ、又かへりて一心にスタデーす。ゐい子は午後例の通りフローベルの教育を夜へかけ學ぶ。佛國の帝政廢止に人民の總立《そうだち》となりたる光景目に見る如し。

英子は自分の人生を顧みて、これまで人に語ることがなかった真実の心を吐露した。

五月一三日　（前略）今までは重《おも》に讀書のみにて其他の飜譯《ほんやく》文又は創文もせざりしが、かくてはいつ何事《なんごと》をもなし得ざるべく、折角の抱負も水泡！自然よ、われに氣根と大勇氣と熱誠とをお與へ下されー！（後略）

彼女は自分の天与の才とともに、その為すべき使命を自覚していた。具体的に執筆の構想を抱いていたことは「折角の抱負も水泡！」という無念の叫びからも理解できる。鬱屈した感情を抑えられず、叫び、物を投げつける挙動に出たのも、この悔しさが原因だったろう。「時」を何よりも大切にした英子だったが、最後まで「その時」に恵まれることはなかった。

五　ある晴れた日に

日記に書かれた遺書

『自分の仕事』を遺したい願望を、断念すべき時が來た……

一九二七（昭和二）年七月二五日、二六日にかけて、英子は元とともにOur after things（我らの後事）、死後の行事を簡潔にしてほしいという二人共通の遺書の原案を日記帳に書いた。

遺書本文は英文と日本文とし、元と英子が署名して、公証人ジョン・マクカラン氏に持参のこと、と指示、文末に当日彼女が創作した英詩とその日本語訳を付記している。

実行すべき箇条のみを要約して示す。

一　従来の儀式一切を廃すること。死亡通知は禁止。友人たちの多数の集まりを避けること。
二　式は教会堂でしないこと。式の時間は極めて短く簡素静粛にすること。
三　故人の履歴、弔辞は禁止、ただ聖書の詩編二十三篇を朗読すること。
四　香典、献花は断じて受けないこと。

鼠色なるさゝやけき住家《すみか》はなれて
永久の希望の翼にうちのりつ
はてし知られぬ海原《うなばら》の
青空の上われは行《ゆ》く

大洋の水よ我身《わがみ》の殘る灰を取れ
捲《ま》きてはかへすとこしへの泡の中に
その偉大なる元素として取れ

「エゴー」より「エゴー」に循環する
短かき旅に過ぎざれば
こは終點にあらずかし

前記私の小歌《こうた》にある如く、私の遺灰を大洋の中に撒布せよ。ある暖き天氣の日に。

永井ゑい子

英子は世界的に知られた日本人オペラ歌手三浦環《たまき》のサンフランシスコ公演を聴き、公演の状況を記事に、演奏を短い感想文としてフランス語で書いてラーシャ先生に添削を請うたことは既に述べたが、当日リサイタルのプログラムに、環の当たり役であるプッチーニ作曲のオペラ『蝶々夫人』で歌われるアリア『ある晴れた日に』があったことは確言できる。

この悲歌劇からの連想が、遺書の結びの言葉となったのであろう。

それから九ヶ月後、一九二八（昭和三）年四月二三日が英子の最後の日となった。

彼女の腹は大きく膨張し、鋼鉄のように突っ張って、足は際限のない重量を支えているように感じられ、身動きも不自由になったが、読書の意欲は「身の苦痛を紛らわす」ためにも辛うじて残っていた。二月初めの日記に、英子はゾラを読み続けた状況を書いている。

ゾラの"Nana"（『ナナ』）二巻目、日々十ページ前後よむ。

（中略）書中變化千出驚くべき趣向のものなり。

三月二一日で、英子の日記は途絶えた。以後は元の「米國時代のゐい子（下）」に依る。

病床での治療は、もっぱら「お灸」だった。毎日、午後二時ごろになると、元が尋ねる。

「英子ちゃん、お灸さんはどうだね」

彼はお灸を尊敬して「お灸さん」というのだと説明するが、ここではそのような堅苦しいものではなく、「おかゆさん」や「おいもさん」と同様に、生活に欠かせないものへの擬人愛称であろう。しかしこれが唯一の治療手段と思えば、敬《うやま》いたくなる気持ちは理解できる。

四月一三日の元の「お灸日記」には、肩まわり六〇ヶ所、腕まわり二〇ヶ所、足三里まわり左右で一九ヶ所、合計九九ヶ所に据えたとある。

「お灸さん」は翌日、一四日が最後となった。

お灸のあとは、元と江戸文学通史の研究をするのが常だった。この日は西鶴の伝記と著書を、ベッドに仰臥した英子に元が読み聴かせた。研究期間中にはほかに近松門左衛門、山東京伝、式亭三馬、曲亭馬琴《ばきん》、為永春水《ためながしゅんすい》らが対象になったが、これも一五日で途絶えた。

夕刻になり、今日終わった頁に英子が鉛筆で日付を記入した栞《しおり》をはさんで本を閉じる。

五時半に病室の小さな丸テーブルで二人で夕食。食事が終わると、病人ながら家計の責任者である英子は、几帳面に買物帳をつけた。火災保険の掛け金、食材など今日の出金は合計二九ドル八八セントとある。以前はそれから「ゑい子つれ〲草」や日記を書くのが日課だったが、このころはもう大儀になったと、紙片のメモと買物帳以外は書かなくなった。

一六日の朝から、英子は紅茶を少々、それに氷の小片を口にするほか固形物が食べられなくなり、元は氷を買って来ては砕いて英子の口に入れ、その身体を揉んだ。

マッサージの効果で気持ちがよくなったのか、彼女はまもなくすやすやと眠ったが、ベッドのそばにある鏡台に一巻のトイレットペーパーがあり、鉛筆で書いた文字が見えた。

よく見ると、鉛筆書きながら實に見事な筆跡で歌が一首書いてある。

と元の言葉の通り、これが英子の絶筆で、辞世ともなった。

下界にはあまりに清し天つ代をゆめみて月のかくてらすらん

最後の五日間

四月一八日水曜日、英子の死は五日後に迫った。固形物が喉を通らないので、元は早朝靴を履いて向かいの「ポスト東京」で食事を済ませ、近所の三沢薬局で粉ミルク、雑貨店でパイナップルとスープの瓶詰を買って来てそれぞれ小皿に入れ、スプーンで英子の口に運んで少しずつ飲ませた。果汁は飲んだがミルクもスープも吐き気がして飲めない。

氷水だけはしきりに欲しがった。元が、ドクターに診察を受けて腹水を抜いてもらったら楽になるだろうと問いかけると、英子は黙っていたが、反対もしなかった。クリスチャン・サイエンスの教理にはそむくが、細菌や細胞の浸蝕は医療でなければ対処できないことは彼女もわかっていたであろう。そう察した元は、主治医の喜安医師に電話で往診を依頼した。明朝一〇時にお伺いするとアポイントを取った元は彼女の身体をマッサージし、湯をわかして熱く絞ったタオルで顔や手足を拭き、英子は気持ちよさそうに有難うといった。

一九日木曜日、朝、先日見舞いに来た「救世学校」時代からの旧友、粟屋夫人から忠告の書簡が速れぐも幼き時からの友達としてお願いする次第で御座います。

感服の外《ほか》はありません。しかし私は切に御すすめ申します。一日も早く御手當遊ばさるゝ事をく

一筆お見舞い申し上げます。今日は如何ですか。御許様《おんもとさま》の堅き御信念、強き意志、それは實に

達で到来した。

元が手紙を読み聴かせると、英子は先日話し合った内容で、医師にかかれということでしょう、今朝、一〇時にドクターが見えますねと、友人の言葉に従う表情になった。

約束の時間に喜安医師が到着し、脈拍、胸の動悸を診察、直ちに局所麻酔を施し、腹水を採取する準備をした。腹水はシロップのような粘液で、一度に多量の採取はできないが、腹の張りは消えて楽になったらしく、治療が終わると英子はすぐに眠った。

「明日、また伺いましょう。そのときに、大学病院の専門医に同行診療を頼もうと思いますがいかがですか。重症ですので、看護人をつけるなどの介護処置をお考え下さい」

医師の言葉に、元は一も二もなくお願いしますと頭を下げた。

医師が帰ってから、元は英子に、だれかお手伝いを頼もうかと打診すると、いつものように

「ホホさんが側《そば》にいてくれれば、それでよいのよ」

と承知しない。しかし元の過重な負担にも思い至ったらしく、しばらくして

「だれか、特殊看護婦のような人はいないでしょうかかね」

とつぶやいた。自分が無理を言っていることもわかっている。昼夜付きっ切りの看護で、疲れ切って椅子に座るとすぐに居眠りを始める白髪が増えた元に、英子は申し訳ない気持ちで一杯だった。しかし「ホホさん」との二人だけの至福の時を手放す気持ちにはなれなかった。「ポスト東京」のスープがおいしそうだというので、元が温めてスプーンで英子の口まで運ぶと、吐き気がして飲めない。この日も、氷片と氷水だけで過ごした。

二〇日金曜日、死の三日前である。この日はレント（買掛金の支払日）で、元は銀行に現金を引き出しに行かなければならないが、だれも看護人がいないまま家を留守にするのは不安だった。人を頼むと嫌がるのはわかっていたが、どうしようかと英子に相談すると、ホホさん銀行に行ってちょうだいと言って彼女は身を起こし、預金名義人としてペーパー（現金引出請求書）数枚にサインした。文字の線は震え、もう日ごろの美しい筆跡は見られない。

現金引き出しや買い物、買掛金の支払いなどの用件を済ませた元は、医師の診察を待った。午後四時半、喜安医師とともに、加大病院の癌腫専門医ウールゼー医師が来訪、英子を診断した。重大な事実を告げる雰囲気をやわらげるためか、医師は直接病状を告げず、彼女に年齢や学歴、それに専攻した学科を尋ね、彼女ははっきりした口調で答えた。

授与された学位を問われ、やや躊躇した様子で言葉が途絶えたので、元が答えた。

「マスター　オブ　アーツ（文科系修士）です」

医師はうなずき、さて、と姿勢を正した。告知の瞬間だった。

「病名は、卵巣がん、進行期は、残念ながら第四期（末期）です。明朝八時半にタッピング（腹水抽出）をします」

明朝の来訪を約束して二人の医師は帰った。英子は秘密から解放されたように眠り、元は椅子にもたれてときどき病人が求める氷水を与え、絶えず身体を揉みながら夜を明かした。

二一日土曜日、約束の八時半に二人の医師が来てタッピングを始めた。サイドテーブルに油紙を敷いた上に置いたガラス製の装置に、細管から飴色の腹水が滴るのが見えた。終わるまで約二時間かかり、両医師がついているというので、その間の留守を頼んで元は近所のカフェで簡単な朝食をとり、最近落成したカフェテリア、「フォスター」支店に立ち寄った。この店は英子が健康な時期に、ポーク街にある本店でしばしば二人で食事をした思い出の店である。なにか英子の口に入るものと思ったが適当なものはなかったので、元は帰り道にあるポスト花店で英子の好きな薔薇の花束を、松屋食品店で飲みたいという苺のソーダ水を買った。彼女には街の様子を話して聞かせ、元気づけるつもりだった。

「英子ちゃんが楽しみにしていた、フォスターの立派な支店がフィルモーア街にできたよ。早く治って一緒に食べに行こうよ」

「そう、よかったわね、早く食べに行きたいね」

英子は久しぶりで嬉しそうな声を出した。話す方も、聴く方も、もはやあり得ない希望にすぎないことはわかっている。しかし今は希望だけが、二人の生きる力であった。

買ってきた真っ赤な薔薇は花生けから馥郁《ふくいく》とした香りを漂わせ、花が好きな英子を喜ばせたが、吸い飲み器の苺ソーダ水は少し口をつけただけで、それからはひたすら眠った。

腹水は採取装置のバケットに一杯になり、二人の医師は水を止め装置を納めて帰った。目覚めた英子は、大量の腹水を抜いて身体が軽くなったという。しかし腹水は絶えず抜かなければたまるので、午後に喜安医師が訪れて再び採取し、英子はしきりに氷水を欲しがった。

二二日日曜日、英子の意識がある最後の日である。午前一〇時過ぎに知人の安孫子《あびこ》夫人が教会に行く前に自宅の庭に咲いた藤の花を携えて見舞いに訪れた。自分のために人の時間を浪費するのを嫌う英子は、五分間だけお話ししましょうと言い、きれいな藤の花を有難うと嬉しそうに、最近見せたことがない笑顔になった。これが彼女の最後の笑顔であった。

午後、教会からの帰りの駒井夫人がお手伝いしましょうと昼夜の看護で疲労しきっている元に休憩を勧め、英子も承知したので元は有難く従って階上に上がり、英子の書斎の長椅子に横になって眠った。その間に、駒井夫人とともに教会の牧師夫人が看護に加わり、熱いタオルで英子の身体をマッサージするホットウオーター療法を施し、英子は気持ちよさそうに感謝した。午後六時過ぎに元が起きて看護してくれた夫人たちに礼をのべ、彼女らは明日もまたお手伝いに来ますと言いながら帰った。午後七時半に喜安医師が来診、元は医師と二人がかりで英子にシャツを着替えさせ、英子はああ気持ちがいいと言葉をもらした。

医師は注射をしてから、明日、早朝伺いますと言って帰った。医師として、そのころが時期と判断したのだろう。元は近くの「青柳亭」から出前を取り寄せて遅い夕食を摂り、安楽椅子を英子のベッドの傍に運んで、寄り添うように座った。徹夜看護の覚悟である。

一〇時ごろ、元の弟の泉象《せんぞう》が来た。英子は熟睡しているので対話はできなかったが、目覚めていたら彼女は喜んだろうにと元は残念がった。

四月二三日月曜日、午前六時過ぎから、英子のうめき声が始まった。元は吸い飲みから水を飲ませようとしたが、苦痛で歯を食いしばっているらしく顎が動かない。

「英子ちゃん、水だよ、水をあげるから口をあけなさい」

その声が聞こえたらしく、唇がかすかに動いたので、吸い口を差し入れて水を含ませると、ゴクン、と喉を水が通ってゆく音が聞こえた。

「末期《まつご》の水」と直感した元は、かねて今わの際には名を呼びかけない方がよいと聞いていたので、黙って英子の顔を凝視しつづけた。間もなく喜安医師が到来、脈を診て宣言した。

「いま、ご臨終です」

時刻は午前六時三五分、元、医師、泉象の三人は数秒間沈黙して頭を垂れた。

不思議にも、元は英子を前にしてまだ死の実感はなく、涙も出なかった。彼はいつも寝具を整えるように、掛布団を開いて英子の両腕を胸の上に組ませ、静かに布団をかけた。

早朝の静寂を破って、関係者に電話をかける喜安医師の声が、家中に響いた。

終章　憩《いこひ》の水濱《みぎは》

詩篇第二十三篇に見送られて

医師からの訃報は波紋のように人から人に伝わり、まもなく懇意にしている人々が駆けつけて、元《げん》も経験したことがないほどの来客を迎えた。彼は丁重に礼を述べ、一人一人ベッドサイドに案内して、眠っているような英子の額に手をあて、

「英子ちゃん、〇〇さんがお見えになったよ」

とそれぞれの名前を告げ、語りかけた。

彼はまだ、「英子は眠っているのだ」と思い込んだままの、臨終の際《きわ》の状態が抜けきらず、弔問客は死者に語りかける元の様子から、英子が仮眠でもしているような錯覚に襲われた。

雰囲気からすぐに現実を感じてワッと泣く女性客に、元も我に返って声をあげて泣いた。

対面が一段落すると、隣の事務室では丸テーブルを持ち込んでこれからの相談が始まった。元は英子が書き遺した一〇冊の日記帳から遺書の頁をひろげ、葬儀は極めて質素にすること、詩歌、供花、香典、多数の会葬は辞退しその趣旨を新聞広告に出すよう申し入れ、一同これに従う行動をとりきめ

た。葬儀は翌日の午後、式場は市内のマーテンブラウン葬儀社ときまった。打ち合わせが一段落したところで、リフォームド（改革）教会の幸田宗平牧師と夫人が来訪、故人の枕辺で祈りを捧げ、牧師夫人が遺髪を切り取り容器に納めた。

午後二時、英子の遺体は葬儀社の車で式場に安置するため、住み馴れたポスト街の家を離れた。通夜は行わず、元と弔問客は自宅の門口で出発する車にグッバイと叫んで見送った。

四月二四日午後一時、告別式が始まった。故人の遺志により供花、香典、多数の会葬者は固くご辞退と元が念を押し、新聞にも掲載したにもかかわらず、すでに一〇〇人以上の会葬者が席を埋め、供花や無名で贈られた大花輪が式場を飾った。「ご厚志」も遺志に反して多数寄せられ、返却もできない元は困惑、恐縮しながら拝受せざるを得なかった。人々の間に、そうしなければ気が済まない心情があふれていたのだろう。

幸田宗平牧師の司式により告別式のプログラムが進行し、故人の遺志に従って幸田牧師が旧約聖書から「詩篇第二十三篇」を朗誦した。そこには英子の人生を象徴するように、「天《あま》つ眞清水《ましみづ》」の流れる「憩《いこひ》の水濱《みぎは》」が語られ、彼女を知る人々の胸を熱くした。

詩篇第二十三篇　ダビデのうた

ヱホバはわが牧者なり、われ乏《とも》しきことあらじ
ヱホバは我をみどりの野に臥《ふ》させ、憩《いこひ》の水濱《みぎは》に伴ひたまふ

ヱホバはわが靈魂《たましひ》をいかし
名《みな》のゆゑをもて　我を義《たゞ》しき路《みち》にみちびき給ふ
たとひわれ死の蔭《かげ》の谷を歩むとも　禍害《わざはひ》を畏《おそ》れじ
なんぢ我と共に在《いま》せばなり……

（『新体詩聖書讃美歌集』岩波書店）

英子を人間界の真珠に譬《たと》えた牧師の説教に続いて、粟屋夫人が海岸女学校以来の彼女の天才を証明するエピソードと、その後の文筆による啓蒙活動でいかに在留邦人、特に婦人社会が感化されたかを語った。そして弔電の朗読と続き、号泣がこみあげそうになる元に代わって友人の小林喜代松が感謝の挨拶を行い、式は終わった。

対面告別で棺側に集まった人々は、大学卒業式の角帽を戴き、黒衣の制服礼装をまとって花に囲まれ横たわった英子の最後の姿に息をのんだ。

遺体に花を捧げ、別れを告げて退出する会葬者一人ひとりに、元は出口に立って丁重に礼を述べた。式の慣例にはないが、対面して感謝を伝えたい彼の気持ちのあらわれだった。

出棺で、棺側に立った六人の親族知人の先頭に、日本ドライグース商会の経営者、小池實太郎がいた。思えば二三年前の一九〇五年、小池はニューヨークで高峰譲吉から英子を紹介され、セントルイス万国博覧会で同商会コーナーの売り子になった英子は持ち前の商才を発揮、振袖姿で予想をはるかに超える売上を達成し、売れ残りも一掃して彼を驚かせた。

その後、小池は英子をサンフランシスコに招き、以来、彼女の変遷を見守りながら親交を続けてきた。元と英子の結びつきも、小池が機縁といえる。そして今日、彼はこの稀有な女性の一生の知己として葬儀に参列し、野辺送りのため棺側に立っている。

「人生とは、偶然の出会いと別れのくりかえしだ」

小池は感慨にふけりながら、サンマテオ斎場で元が英子に語りかける告別のことばを聴き、火葬を見送った。

忘れられぬ人びと

葬儀後、元が「芳名録」として記録した多数の弔問や弔状、弔電から、とりわけ忘れ難い二人の名が見える。その一人はデヴィソン、もうひとりは津田梅子であった。

デヴィソンは英子の死からまもなく訪れた元と遺稿編纂者海老名一雄に、讃美歌編纂で活躍した「おゑいさん」を偲び、

「実に才気煥発、見るからに快い娘さんでした」

と涙ぐみながら回想した。この言葉は、英子がアメリカ渡航以来、幾度かの危機を切り抜け、永住の地サンフランシスコで最愛の人となった元と結ばれ、多くの人々に尊敬、哀惜されるに至った原動力を端的にあらわしている。

シカゴの独身女性メアリー・ブラウンは病院待合室で交通事故の怪我を療養する英子との偶然の会話からたちまち英子に魅せられ、自宅に招いて滞在・リハビリ養生するよう勧め、そのことばに従って、

英子はメアリーが紹介する新聞に日本についての小文を寄稿しながら一年近く滞在するにいたった。

カトリック伝道者ヴァージニア・ヤングはニューヨークのセント・パトリック大聖堂で礼拝の帰りに英子と言葉を交してからずっと交友を続け、一九〇六年のサンフランシスコ大地震では、英子からのカンパ要請に応えて多くの援助金品を寄付した。ヴァージニアはその後、外国伝道の帰途サンフランシスコに立ち寄り、英子と再会したと彼女を迎えた元は記述している。セントルイス博覧会では英子は振袖姿でドライグース商会の売り子を務め、ひときわ目を引く彼女の華やかな容姿と巧みな弁舌に魅せられた客は、例外なく勧められるままに商品を買った。英子には対話を始めた瞬間から、相手をとらえて離さない天性の才能があったのだろう。ネイティヴ・イングリッシュ（米英人の英語会話）とみまがうばかりのなめらかな英語会話力と、相手を楽しませる豊富な話題がその基礎にあったことはいうまでもない。この社交力は、元と結婚後、職業となった保険業で永井保険が栄誉ある「二〇万ドルクラブメンバー」に推挙されるに至った「ビジネス能力」として結実する。英子が自らを危機から救い、幸福に至らしめた原動力を、デヴィソンは一言で言いあらわしたともいえる。

奇しくもこの年、彼は英子のあとを追うように八五歳で死去した。遺言により、遺骨は長く布教した愛する長崎の墓地に、夫人の遺骨とともに葬られた。

津田梅子は英子の親友であり、はるか先を行くライバルでもあった。アメリカ移住の動機や情報源でもあったであろう。一九一二年三月三日に英子の母なほ子が八八歳を迎えたので、米寿を祝う『集芳帖』に、梅子は英文で祝賀のことばを寄せている。

英子の死の翌年、一九二九（昭和四）年八月一六日、梅子は鎌倉の別荘で夜来の風雨の声を聴きながら死去した。享年六四歳であった。枕元に置かれた日記には「Storm last night（昨夜　嵐《あらし》）」と、来《こ》し方を顧みるような絶筆が遺されていた。

英子が在米邦人、とりわけ婦人社会の精神的指導者として論説を寄稿した『在米婦人新報』『日米新聞』『新世界新聞』、救世軍教報『ときの聲』、それに東京神田教会で行われた追悼会記事を『日米』東京支社通信として報道するなど、新聞社各社も彼女の功績を讃え、いずれも長文の追悼記事を掲載した。

遺稿集の出版

葬儀から数日後、元は北米朝日新聞社の創業者で社長の海老名一雄を訪ね、英子の遺稿編纂と出版を懇願した。海老名は高名なキリスト教指導者として晩年は同志社の総長を務めた海老名弾正《えびなだんじょう》の長男で当時サンフランシスコ在住、著書に『カリフォルニアと日本人』がある。

海老名は英子没後一周年記念として詩文集を刊行したいという元の懇願を受け入れ、編纂者として五月中旬から元や数人の仲間と元の自宅の「事務所」を編集室として仕事を始めた。書名は『永井ゑい子詩文』ときまった。出版人永井元、編纂者海老名一雄を中心に、関係者が原稿の収集、浄書、校訂を協力分担した。

元と海老名は印刷、製本、出版を東京で行う方針を定め、二人の共通の知友である元横浜正金銀行桑港支店長で、この当時は東京在住の小島烏水《うすい》に印刷、校正、製本にかかわる万事を依頼し、承諾を得た。小島は登山家として日本山岳会の中心メンバーとなり、『日本山水論』『日本アルプス』などの著書がある。小島の推薦で、詩人河井酔茗《すいめい》が直接実務を担当するという知らせを小島から受けた元と海老名は、深い安堵と満足を感じた。

元は「日本時代のゑい子」「米國時代のゑい子（上）」「米國時代のゑい子（下）」を急遽執筆し、八月下旬に原稿編集に加えて全体を完成、直ちに最も早い船便で東京へ発送した。

翌昭和四（一九二九）年四月二三日、『永井ゑい子詩文』は編集兼発行者永井元として、東京市牛込区加賀町の印刷所、株式会社秀英舎から非売品として発行された。元以外の関係者の名がすべて省かれている理由は、次のような当時の政治情勢から推察できる。

それは毎日新聞時代の貧民問題や鉱毒問題で政府や財閥を糾弾した英子の経歴と、『詩文』に掲載された反戦評論である。昭和四年、時の軍人首相（陸軍大将）田中義一は在郷軍人会の強化に努め、対中国強硬外交を推進し山東半島への出兵を断行した。この超軍国主義政府の検閲を『詩文』が無事通過する見込みはない。さらに編集、発行責任者は警察の取り調べの対象になる恐れもあった。元の所在地だけが米国サンフランシスコ市ポスト街六八五で、さすがに日本帝国政府としても手が出せない。故に米国在住の元がすべての責任を負った。

海老名は「編纂者の言葉」に編纂の目的や方針を語っているが、つきつめれば、本書は記録が目的で、上記のような政治環境を顧慮し、一般への周知は考えていない。それを裏付けるように、本の外観は市販には向かない一三四六頁の大冊で、限定出版・非売品として知友らに贈呈されたのであろう。思想の自由が閉ざされた時代にもかかわらず、危険を冒してこのような大冊を伝えてくれた元たちの労に後世のわれわれは感謝するとともに、英子の生き方そのものを彼女の「代表作」と観じて、現代の社会に広く述べ伝える義務を感じる。

＊　　＊

おわりに、人生の後半をこの「作品」を完結させるために捧げた人物として、夫、永井元を讃えなければならない。彼は在日邦人の子弟の教科書づくりという偶然の機会で英子を知り、彼女の才能と人柄に魅せられ、武骨ながら誠実なプロポーズで英子の心を射止めた。

二二年間の結婚生活で、元は英子の大学生活を卒業まで寄り添い、職業としての保険業では、彼女のビジネスの才能を新商法で開花させた。晩年、クリスチャン・サイエンスの教理に従い医療を拒否して我《が》を張る英子を思うようにさせながら看病し、ひたすら彼女を畏敬し支え続けた。もし元との邂逅《めぐりあい》がなければ、彼が英子からの聞き書きや実際の生活の記録である「日本時代のゐい子」「米國時代のゐい子」はなく、英子の詩文も世に出る機会は失われ、稀有の天才としての貴重な記録は残らなかったかもしれない。成り行きが生んだ偶然の結びつきが、『妙《たえ》なる調和』（プッチーニ作曲、歌劇『トスカ』）として奇蹟的に伝えられたといえる。

元は「米國時代のゐい子（下）」の稿を終えるに際し、彼の心に生き続ける英子に呼びかけ、語りかけて結びとした。

嗚呼《あゝ》ゐい子の靈よ、世は厚き情けと深き恩《めぐみ》に充《み》ち滿てり。
心安かれ、永《とこし》へに生きよ、永へに我等と共にあれ。

引用・参考文献

『永井ゑい子詩文』（伝記叢書一六七）、永井元編、一九九五年三月二一日、大空社
（昭和四年四月二三日、東京市牛込秀英社発行、非売品の復刻版）
上篇　「日本時代のゑい子」（永井元）
「からなでしこ」〔翻訳詩文集〕
「大和なでしこ」〔論説詩文集〕
「貧兒のため」「第二回慈善旅行の歌」「同じ時の唱歌」「足尾の毒流」
ルポルタージュ「鉱毒地の惨状（抄）」〔毎日新聞記者時代〕
「ゑい子女史と日本の讃美歌」（海老名一雄）
中篇　「米國時代のゑい子（上）」（永井元）
「保險禮讃」〔広告宣伝文集〕
「非戰主義詩文集」〔新聞掲載論説〕
「日常生活雜筆」〔新聞掲載論説〕
下篇　「米國時代のゑい子（下）」（永井元）
「ゑい子つれ〲草」から
「日記抄」
『松本英子の生涯』府馬清著、一九八一年、昭和図書出版
『日本英学のあけぼの——幕末・明治の英語学』惣郷正明著、一九九〇年（第二刷）、創拓社
『幕末明治英語物語』高橋健吉著、一九七九年、研究社出版
『特命全権大使　米欧回覧実記（一）』久米邦武編、二〇〇九年（第二三刷）、岩波文庫
『津田仙と朝鮮——朝鮮キリスト教受容と新農業政策』金文吉著、二〇〇三年、世界思想社
『津田梅子の社会史』髙橋裕子著、二〇〇二年、玉川大学出版部

『津田梅子――人と思想』古木宜志子著、一九九二年、清水書院
『新体詩聖書讃美歌集』岩波新日本古典文学大系（明治編）、二〇〇一年、岩波書店
『讃美歌』讃美歌編集委員会、一九七五年（一一〇版）、日本基督教団出版局
「日本プロテスタント讃美歌史（二六）　メソジスト教会の讃美歌集六」原恵著、『礼拝と音楽』第六四号、一九九〇年、日本キリスト教団出版局
『賛美歌――その歴史と背景』原恵著、一九九四年、日本キリスト教団出版局
『日本人と讃美歌』戸田義雄・永藤武編著、一九七八年、桜楓社
『敬虔主義と自己証明の文学』伊藤利男著、一九九四年、人文書院
『明治は生きている――楽壇の先駆者は語る』宮沢縦一編著、一九六五年、音楽之友社
『はるかなり青春のしらべ』山田耕筰著、一九五七年、長嶋書房
『明治の横浜――英語・キリスト教文学』小玉晃一・敏子著、一九七九年、笠間書院
『明治日本の女たち』アリス・ベーコン著、矢口祐人・砂田恵理加訳、二〇〇三年、みすず書房
『最暗黒の東京』松原岩五郎著、一九八八年（第二刷）、岩波文庫
『日本の下層社会』横山源之助著、一九六五年（第一七刷）、岩波文庫
『樋口一葉全集　第三巻上　日記（一）』一九七九年、筑摩書房
――第三巻下　日記（二）、一九七八年、筑摩書房
――第四巻下　書簡　一九九四年、筑摩書房
『樋口一葉來簡集』一九九八年、筑摩書房
『鑛毒地の惨状』記者みどり子（明治三四～五年毎日新聞復刻版）、大阪府立中央図書館所蔵
『女のくせに――草分けの女性新聞記者《ジャーナリスト》たち』江刺昭子著、一九九七年、インパクト出版会
『内村鑑三全集第三六巻　書簡一』一九八三年、岩波書店
『三四郎』夏目漱石著、二〇一六年（一五二刷）、新潮文庫
『移民史３　アメリカ・カナダ編』今野敏彦・藤崎康夫編著、一九八六年、新泉社
『佛蘭西精神史の一側面』後藤末雄著、一九三四年、第一書房
『小説作法』永井荷風著、現代日本文学全集第二二篇、一九二七年、改造社

『西洋近世哲学史　フランス篇』唯物論研究所編、一九五〇年、ナウカ社
『バルザック全集第二六巻　書簡』伊藤幸次・私市保彦訳、一九七六年、東京創元社
『ゴリオ爺さん』バルザック著、中村佳子訳、二〇一六年、光文社文庫
『21世紀の資本』トマ・ピケティ著、山形浩生・守岡桜・森本正史訳、二〇一四年、みすず書房

永井英子　年譜

西暦	和暦	満年齢	主な出来事
一八六六年	慶応二年	〇歳	五月二日（慶応二年三月一八日）、上総国望陀郡茅野村（千葉県木更津市東部）で、父松本貞樹、母なほの一人娘として生まれ、ゑいと命名される。父は旧家の漢学者で学塾師匠、母は大名藩邸奥女中をつとめ、短歌に優れる。
一八六八年	慶応四～明治元年	二歳	永井元、上州で生まれる。 英子の「異能」を感じた父は、書道、和歌、四書五経で厳しい英才教育を施す。
一八七一年	明治四年	五歳	一二月二三日（明治四年一一月一二日）、貞樹の友人、津田仙の次女梅子（七歳）は岩倉具視遣欧米使節団に加わり、女子留学生として米国に出発。
一八七二年	明治五年	六歳	「神童」として千葉県庁に呼ばれ、県令や役人の前で和歌を詠み、墨書揮毫して歌、筆跡ともに子供の作品とはとても思えないと称賛された。 学制頒布。小学校が開かれ、村塾は不要になり、貞樹は友人で元佐倉藩士で、民部省勧農寮の官員、津田仙宅に一家を挙げて寄寓、東京麻布の旧大名屋敷跡を利用した仙の西洋野菜栽培実験農場を手伝う。
一八七三年	明治六年	七歳	米人メソジスト派宣教師デヴィソン（三〇歳）が長崎で宣教を開始、日本語讃美歌の必要を感じて、小冊子『讃美のうた』を刊行した。 五月、ウイーン国際博覧会に園芸担当事務官として派遣された仙は、農学者ホーイブレンクに農学を学ぶ。同時に、彼はキリスト教を知り、信仰を受け入れた。
一八七四年	明治七年	八歳	津田仙、東京芝三田に地蔵堂を改造して米国メソジスト派教会による最初の女子英語学校で海岸女学校の前身となる「救世学校」を開く。 津田家に両親と寄寓していた英子もこの学校に入学、米人宣教師から英語を学ぶ。

一八七五年	明治八年	九歳	救世学校は築地海岸通りの外人居留地に移転、「海岸女学校」と改名した。校長は津田仙。英子は最年少の寄宿生となった。仙はわが国最初の農学校「学農社」を設立し、月刊誌『農学雑誌』を発行。その後、麻布の自宅に「学農社農学校」を創設、内村鑑三はアメリカ留学まで短期間、教師として教壇に立った。仙は、米人メソジスト派宣教師ソーパーから家族全員で受洗。
一八七六年	明治九年	一〇歳	このころ、両親は津田家を去り、千葉県の郷里に帰った。英子は女学校で英語による米国式教育を受けながら、生徒兼国語・漢文の教師として以後、一〇年間在籍した。
一八七七年	明治一〇年	一一歳	デヴィソンの編集で、日本最初の讃美歌集『讃美《たたへ》歌《うた》 一』が刊行された。
一八七八年	明治一一年	一二歳	デヴィソンの伝道により鹿児島（鹿児島教会）を開設。長崎の活水女学校（現在の活水学院）、カブリー英和学校（現在の鎮西学院）などの創設に尽力する。『讃美歌 一』は増補版が木版で発行された。
一八七九年	明治一二年	一三歳	三六歳のデヴィソンは長崎伝道から横浜に赴任し、新しい本格的な讃美歌集『譜附基督教聖歌集』の編集と出版に取り組む。
一八八三年	明治一六年	一七歳	英語の読解力と日本語の美しい表現能力を備えた人材を求めていたデヴィソンは、津田仙の推薦で「神童」の誉れ高い英子を横浜の讃美歌編集所に迎え、約一〇ヶ月間共同翻訳をした。英子は学校を休学し、編集所に隣接する聖経女学校の臨時講師を務め、その寄宿舎で起居しながら翻訳に従事した。
一八八四年	明治一七年	一八歳	前年からの翻訳編集で『譜附基督教聖歌集』完成。英子の代表作『あまつましみづ』は讃美歌二一七として、改訂を経て現存する。海岸女学校に戻った英子は、四谷教会で宣教師に従って伝道に従事。
一八八五年	明治一八年	一九歳	海岸女学校を卒業し、四谷教会のバイブルウーマン（女性宣教者）として多方面を伝道、大山巌夫人捨松にもしばしば会い伝道した。

一八八六年	明治一九年	二〇歳	新官制で改称された女子高等師範学校（現在のお茶の水女子大学）の第一期生として入学。英子は助教師の資格で米人教授の授業通訳をするが過労で倒れ、一年遅れて復学。その後も過労を押して授業通訳を続け、しばしば倒れて休学、さらに一年遅れる。当時は鹿鳴館時代で、政府は帝国大学と女高師の学生から英語力優秀者を選び、シェークスピアの劇『リチャード三世の悲劇』からヘンリー七世とエリザベスの劇中対話の原語実演を企画。帝大学生代表は後に駐米大使館一等書記官になる日置益、女高師代表は英子が選ばれる。場所は上野の音楽学校奏楽堂で多数の関係者の前で両人好演し、濱尾新帝大総長から慰労称賛された。
一八九〇年	明治二三年	二四歳	英子は女高師を二年遅れて卒業。外務省翻訳官で米国哲学博士の家永豊吉を紹介され、婚約した。
一八九一年	明治二四年	二五歳	一〇月二八日、濃尾大地震で義捐金運動に奔走した。東京も被災による影響があり、家永との挙式は翌年とする。
一八九二年	明治二五年	二六歳	長崎で伝道活動をしていたデヴィソンは讃美歌改訂のため、東京に転任。家永豊吉と東京・芝の紅葉館で挙式。内外朝野の名士が出席、着任早々のデヴィソンも招待された。結婚後はワーズワースら英詩人の作品を翻訳。
一八九三年	明治二六年	二七歳	英子、デヴィソンから『聖歌集』の改訂協力を依頼される。彼女は健康状態不調だったが承諾、加筆、全篇改訂して改訂版を完成した。
一八九四年	明治二七年	二八歳	『日本の下層社会』（明治三二年刊行）の著者、横山源之助、毎日新聞に入社、明治三二年入社の英子と貧民窟探訪の接点になる。
一八九五年	明治二八年	二九歳	三月一八日、長男勝之助誕生。 六月、父貞樹七七歳で死去、英子は産後の経過が悪く死に目に会えなかった。 夏に、デヴィソンと英子が共同改訂した『改正基督教聖歌集』が出版された。

一八九六年	明治二九年	三〇歳	英子の健康状態はすぐれないが、家庭は平穏に経過する。二月二九日、毎日新聞記者横山源之助が本郷丸山に住む樋口一葉を訪問、意気投合した。一葉は政治への関心が強く、救貧、女性の社会的地位向上を求める日記や書簡を残しながら、結核が悪化し一一月二三日死去。享年二三歳。
一八九七年	明治三〇年	三一歳	晩秋ごろ、家永家が突然破産、夫豊吉は記録から消える。英子は勝之助を夫の両親に託して離婚、京橋区南新堀の借家に移り住んだ。年末、津田梅子に華族女学校学監下田歌子への就職斡旋を依頼した。
一八九八年	明治三一年	三二歳	月俸一〇円の雇教師として華族女学校に雇用され、英語と家政科を担当、下田歌子が創設した実践女学校でも生徒の生活監督と英語を授業。
一八九九年	明治三二年	三三歳	前年から津田仙らが開催する足尾鉱毒問題などの社会問題で、仙から毎日新聞社長の島田三郎を紹介され、新聞記者《ジャーナリスト》への使命感を抱く。三月ごろ、華族女学校を退職して毎日新聞社に入社、草分けの女性記者として廃娼運動、貧民救済、足尾鉱毒救済運動など、社会問題を担当した。
一九〇〇年	明治三三年	三四歳	二月一二日、足尾銅山操業停止を叫ぶ被災民一二〇〇〇人が館林郊外の川俣で警官隊と軍隊に襲われる川俣事件が発生。田中正造が衆議院議会で追及、政府の姿勢に絶望した田中は議員を辞職、天皇の行幸列に直訴した。四月三〇日、横山源之助は毎日新聞連載の『日本の下層社会』を教文館から発行。夏季に、時事新報社とメソジスト派教会が企画した貧民の児童を集めて監督者をつけ、汽車で数日間周遊する「慈善旅行」（監督小室篤次牧師）に英子は随行、「慈善旅行の歌」として「鐵道唱歌」や「小楠公」の替え歌を作って児童に歌わせた。 このころ、長詩「貧民のために」「貧兒の爲」を創作した。
一九〇一年	明治三四年	三五歳	毎日新聞の編集長で作家の木下尚江は足尾鉱毒問題、廃娼問題で論陣を張り、木下とともに英子は貧民問題から足尾鉱毒糾明に力を注いだ。

一九〇一年	明治三四年	三五歳	五月二〇日、木下は片山潜、幸徳秋水らと社会民主党結成を図り即日禁止命令。明治三〇年頃からはじまった足尾鉱毒糾弾は、このころひときわ激しくなった。英子は鉱毒地救済婦人会一行と被災地を探訪し、被災民を慰問して聞き取り調査を行った。その結果、ルポルタージュ『鉱毒地の惨状』の連載を開始した。
一九〇二年	明治三五年	三六歳	二月一日、大雪の日に鉱毒地救済婦人会一行とともに英子は鉱毒地を慰問調査、田中正造が案内役を務めた。『鉱毒地の惨状』は五九回にわたって毎日新聞に連載されたが警察当局に執筆禁止され、これ以降は中絶して一冊にまとめられ、四月に教文館から出版された。日本の政治と社会に絶望した英子は毎日新聞記者を辞職し、一〇月一一日に横浜から米国ワシントン州のシアトルに日本郵船の龍神丸で出発、月末に到着した。年内はシアトルに滞在、カフェで談話するなど、米国社会に馴れようと努めた。
一九〇三年	明治三六年	三七歳	シアトルで新年を迎え、一月末に東部に向かったが、途中、シカゴで馬車の車輪に右足の小指を轢かれ、数ヶ月入院した。リハビリ期に富裕の未婚婦人メアリー・ブラウンと歓談、自宅に療養滞在し新聞に日本の記事を寄稿するよう勧められた。英子の日本紹介文は、その後も使い続けたペンネーム、イデ・タマで新聞に掲載された。一九〇三年は傷の療養と新聞への寄稿で過ぎた。
一九〇四年	明治三七年	三八歳	シカゴからニューヨークに行き、カトリックのバイブルウーマン、ヴァージニア・ヤングと知り合った。英子の境遇に同情したヴァージニアは看護師になるよう勧め、英子は特待ナース教習所に入ったが、自分には適さないとすぐにやめ、文筆で生活の手段を得ようと旧知の応用化学者高峰譲吉を訪ね、高峰の紹介で二、三の雑誌に英文の日本観光案内を連載してこの年は過ぎた。

一九〇五年	明治三八年	三九歳	ミズーリ州セントルイスで万国博覧会が開催され、出店するサンフランシスコのドライグース商会経営者小池實太郎はニューヨークの高峰を訪ね、英子を紹介された。小池の勧めで万国博出店の売り子になった英子は振袖姿で店頭に立ち、商品は飛ぶように売れ、彼女の商売上手に小池は驚嘆した。博覧会終了後、振袖姿で「イデ・タマ」連続講演会を行い、日本文化を紹介して有名人になる。その後、英子は小池の招きでサンフランシスコの小池の家に寄寓、青木大成堂刊行の邦人用英語読本を和訳、元ジャーナリストの保険業者の永井元が校訂し、英子と元は知り合った。編集が完了した日、元は英子にプロポーズし、英子は即座に受け入れた。
一九〇六年	明治三九年	四〇歳	一月一七日、元と英子はサンフランシスコ帝国ホテルで結婚式を挙げた。新居は永井保険事務所としていた旅館「富士山館」の奥の一角とする。四月一八日午前五時、サンフランシスコ大地震発生、オークランドの知人内海医師宅に寄寓、被災募金運動をした。その後、サフランシスコセントパブロ街に移転した。 七月から英子は加大（カリフォルニア大学）バークリー校の夏期講習に参加、仏（フランス）語、西（スペイン）語を各毎週六時間受講した。元も講習会に出席して、特設された保険学の講義を受講。 七週間の夏期講座終了後、英子は九月から特科生として仏文学科に入学し、一〇月二〇日、サンフランシスコから大学のあるバークリー市に永井保険事務所兼住居を移転した。
一九〇七年	明治四〇年	四一歳	元は事務所兼住居で「麥嶺《バークリー》英和学校」を一年半経営。
一九〇八年	明治四一年	四二歳	英子は前年秋から春にかけてラテン語系のロマンス語科で仏語、西語を専攻し、フォネティック（音声学）訓練でネイティヴ（現地人）同様の発音を習得した。西語の授業ではセルバンテスの『ドン・キホーテ』数頁を一語も誤らず

一九〇八年	明治四一年	四二歳	暗誦、教授、クラス全員から絶賛の声があがった。
一九〇九年	明治四二年	四三歳	英文学、仏文学、西文学を履修する。
一九一〇年	明治四三年	四四歳	この学期で合計一〇五以上のクレディット（単位）修得、卒業の必要単位を完修した。しかし加大では正科生以外は学位認定はできないので、単位継続で須大（スタンフォード大学）に移ったが、過労で健康を害し退学。
一九一一年	明治四四年	四五歳	加大の単位継続でサンノゼのパシフィック大学に入学。サンフランシスコには月に一度程度帰省、サンフランシスコの元もサンノゼを往来する。手紙は毎日送信。
一九一二年	明治四五～大正元年	四六歳	四月二三日、バチェラー（学士）とマスター・オブ・アーツ（文科修士）の学位を授与され、パシフィック大学を卒業した。これ以後、英子は元とともに保険業で活動する。夏休み中は邦人の子供のため教会で夏期学校を企画実行、ついで夫妻でサクラメントと周辺を巡行営業した。
一九一三年	大正二年	四七歳	「保険禮讃」などの詩文で説得力のある宣伝文を執筆、エジソン式輪転謄写印刷機を導入してダイレクトメールや新聞広告で顧客を獲得した。
一九一四年	大正三年	四八歳	ニューヨーク生命保険の全米八〇〇〇人の代理人から選抜された上位二〇〇人に、元は本年の栄誉ある「二〇万ドルクラブメンバー」となった。東部の保養地ハット・スプリングスで開催された表彰大会に招待された永井夫妻は、サンフランシスコからシカゴ経由ニューヨークに至る大陸横断鉄道で大会に出席した。
一九一五年	大正四年	四九歳	二月一〇日、母なほ故郷千葉県で死去。 二月二〇日、サンフランシスコポスト街六八五（最後の住居事務所）に移転する。
一九一六年	大正五年	五〇歳	人は雇わず、新聞広告、メールオーダーを中心に営業範囲は米国全土から北はカナダ、南はメキシコまで拡がり新規加入申込みが到来した。

一九一七年	大正六年	五一歳	合衆国、第一次世界大戦に参戦。二月三日、米国はドイツと国交断絶、四月六日に宣戦布告した。この年も「二〇万ドルクラブメンバー」となり、東海岸の保養地ニューロンドンでメンバーの日本人代理人が会合した。目的は「日本人契約者と米人契約者と同一契約条件を求める」要求提案。原案は元、校訂は英子が担当し出席代理人全員が署名したタイプ浄書を会社に提出した。帰途はメキシコ湾岸でジャズ発祥の地ニューオーリンズを経由する大陸南部横断鉄道を利用、終着地ロサンゼルスで夫妻は日本人同業者たちの歓迎を受けた。大会での日本人代理人の要求案について会社では審議の結果、要求は承認された。日本人代理人代表から元宛の礼状で「ご尽力下されたる御令閨《れいけい》に厚く御礼申上げ候」とある文面に、ビジネスでの功績を認められ英子は深く満足した。
一九一八年	大正七年	五二歳	第一次世界大戦終結。英子は『在米婦人新報』などに反戦論を掲載した。この年も二〇万ドルクラブメンバー資格者として大会に招待されたが欠席。
一九一九年	大正八年	五三歳	超多忙だった日々が続き疲労を感じ始めた二人は、時折カフェで夕食後、映画を見て見聞を拡げ、ビジネスへの活力を復活させようとした。
一九二三年	大正一二年	五七歳	関東大震災で保険会社の日本支社閉鎖、契約の減少と夫婦共に健康が衰え、元は会社にしばしば辞意をもらし、その都度慰留される。英子はそれまで封印していた読書執筆意欲を復活、夕食後は一、二時間英文で執筆したが、まもなく仏文で書く。エドモンド・ラーシャ師の教室で英文から仏文への長文翻訳練習、実用会話練習とクリスチャン・サイエンスの研究をする。読書範囲は一八世紀フランス啓蒙時代のヴォルテール、ルソーから一九世紀のフローベール、モーパッサン、ドーデ、ユゴーを通読。仏語原典書籍はサンフランシスコ市公立図書館から元が借り出す。
一九二六年	大正一五～昭和元年	六〇歳	元、会社に辞表を提出、二五年間営業を続けた永井保険を閉じた。以後、元は英子の看護に専念する。英子はこのころから未診断ながら癌に冒され、外出不

一九二六年	大正一五～昭和元年	六〇歳	能となった。五月ごろから日本語で随筆集『ゑい子つれ〴〵草』を執筆開始。日記は日文、英文、仏文、西文で書いた。『如何にして戰争を世界より消滅せしめんか』など、反戦論を新聞に掲載。仏文学ではバルザックを特に好み、全集を完読した。『ゑい子つれ〴〵草』に作品別読後評論を書く。
一九二七年	昭和二年	六一歳	『非戰のために戰へ』を『在米婦人新報』に掲載。エミール・ゾラを読み始め、全集から第一五巻まで読む。第一六巻途中で病苦により中断。最後の読書となる。七月一七日、わが死後は簡素な葬儀で、司式牧師が詩篇第二十三を朗誦し、火葬後の遺骨は大洋に散骨せよと指示する遺言を書いた。
一九二八年	昭和三年	六二歳	四月二〇日、加大病院の癌腫専門医が卵巣がんと診断。四月二三日、サンフランシスコの自宅で死去。遺言により幸田宗平牧師が詩篇第二十三を朗誦。時を置かず、出版人永井元、編纂人海老名一雄を中心に遺稿の編纂作業が行われた。
一九二九年	昭和四年		没後一周年となる四月二三日、永井元編『永井ゑい子詩文』が、東京牛込の秀英社から非売品として出版された。

あとがき

一九九〇年二月のことである。当時私は大阪市内のカルヴァン派教会で聖歌隊にかかわりながら、仕事の関係で月一度以上大阪と東京を往来するたびに、その都度、銀座四丁目にある教文館の三階キリスト教書籍売場に立ち寄り、楽譜や新刊書を買い求めていた。

その日もいつものように雑誌『礼拝と音楽』第六四号（二月号）を求め、帰途の車中で目を通していたところ、青山学院大学教授原恵氏による連載記事『日本プロテスタント讃美歌史（二六）メソジスト教会の讃美歌集六』中に紹介された明治初期の讃美歌翻訳者、一七歳の松本ゑい子の業績に強い感銘を受けた。

それからというもの、その生涯の詳細を知るために手を尽くしたが、後半生を突然渡米してかの地で病死したという概容以上の情報はつかめず、空しく月日が過ぎた。その後、私は中国の文化社会の人々と交流するようになり、近代中国史上の人物を描く伝記を書き、中国語にも翻訳されるなど身辺状況は移り変わったが、ゑい子の情報は依然としてわからなかった。

ところが、昭和四年に非売品として限定出版され稀覯本である永井元編『永井ゑい子詩文』が、伝記資料で知られる大空社から伝記叢書として当時の復刻版で発行されたことを知り、喜んで入手した。これによってゐい子の生涯や活動のほぼ全貌をつかむことができたが、しかし本書は一三八四頁、価格は消費税や送料を加えると四万円を超える、明らかに資料書籍である。後進のわれわれはこれを基礎にして埋もれていた宝石を広く社会に周知し輝かせなければならない。

私がゐい子の讃美歌代表作『あまつましみづ（あまつましみず）』を題名に、評伝の構想を立て始めたのはそれからまもなくだった。関連資料を集めるにつれ、これまでの讃美歌翻訳者や日本初期の女性新聞記者などの一面的な見方だけでなく、渡米以後の行動の重要さが明らかになった。突然の外国での生活という環境の激変にもめげず、万国博での売り子では商才を発揮し、人望を集めて連続講演会を開催、振袖姿で講演、新聞にも報じられた。

さらに永井元と結婚してからの永井ゐい子（本書では英子）としてのビジネスでの活躍は、どのような分野でも常にトップクラスに到達する順応力に敬服させられる。

さらに邦人新聞にしばしば掲載された現在にも通じる彼女の非戦論、晩年のフランス語原典によるバルザック全集はじめフランス文学名著の読破など比類のない多彩な才能の軌跡を、アメリカ大陸の地理的背景や当時のカリフォルニア移民邦人社会を舞台にリアルに描き出せれば、この評伝執筆の目的にほぼ到達することができると思われる。

本書は明治一七（一八八四）年、デヴィソンと英子がかかわった『譜附基督教聖歌集』をはじめ、明治三三（一九〇〇）年には横山源之助の『日本の下層社会』、そして英子が日本を去った明治三五（一九〇二）年に松本英子編『鉱毒地の惨状』を刊行したゆかりの深い教文館から、一一六年ぶりに英子の名が評伝としてよみがえることになった。ご尽力いただいた出版部関係各位に厚く感謝申し上げる。これによって英子の全貌がキリスト教社会の範囲にとどまらず、広く一般社会に周知されれば、著者としてこれ以上の喜びはない。

永田圭介

二〇一八年　盛夏

人名索引

《著者紹介》

永田圭介（ながた・けいすけ）

1935年12月、大阪生まれ。建築塗装業界に入り、日本建築学会会員を経て、1996年日本建築仕上学会賞受賞。装和技研建材科技有限公司（中国蘇州）副董事長。現在、日本ペンクラブ会員、日本中国文化交流協会会員。

著書に『競雄女侠伝――中国女性革命詩人秋瑾の生涯』（2004年）（平成18年度半どんの会芸術文化賞受賞）、『アーチ伝来』（2006年）、『エッセイストとしての子規』（2011年）、『マゼランの奴僕』（2003年）（以上編集工房ノア）、『厳復――富国強兵に挑んだ清末思想家（東方選書41）』（東方書店、2011年）。中国語訳『秋瑾　競雄女侠伝』（耳立鼎訳、群言出版社〔北京〕、2007年）、『厳復　富国強兵的啓蒙思想家』（王衆一訳、蘇州大学出版社〔蘇州〕、2014年）。

あまつましみづ――異能《いのう》の改革者《かいかくしゃ》永井《ながい》英子《えいこ》の生涯《しょうがい》

2018年8月10日　初版発行

著　者　永田圭介
発行者　渡部　満
発行所　株式会社　教 文 館
〒104-0061　東京都中央区銀座4-5-1
電話 03(3561)5549　FAX 03(5250)5107
URL http://www.kyobunkwan.co.jp/publishing/
印刷所　株式会社　三秀舎

配給元　日キ販　〒162-0814　東京都新宿区新小川町9-1
電話 03(3260)5670　FAX 03(3260)5637

ISBN 978-4-7642-9980-1　Printed in Japan